# Bulldog Francez

Lucian Stan

# FRENCH BULLDOG

OTHER NAMES:
Bouledogue français, Frenchie, Clown dog, Frog dog

27-35 cm
9-14 kg

GROUP: Companion dog

BREED TYPE: Purebred

COUNTRY OF ORIGIN:
France

Socialization
Friendliness
Trainability

Lifespan       11- 14 years

Size

Colour

# Conţinut

## CÂINE SFATURI DE FORMARE A CÂINILOR 97

# Introducere

Buldogul francez este cu adevărat potrivit pentru orice proprietar de câine. Poate fi ținut foarte bine de către începători și cu atât mai bine de către profesioniști. Chiar și persoanele mai în vârstă care ar dori să aibă un câine de companie lângă ele pot face dreptate micului câine. Aflați în acest ghid tot ceea ce merită să știți și este interesant pentru viitorul proprietar al unui astfel de bulldog. Cunoașteți acest mic câine de luptă de la zero, astfel încât să vă fie mai ușor să decideți dacă doriți să achiziționați această rasă sau nu.

# Buldogul francez

Este una dintre cele mai populare rase de câini, deoarece este simplu şi uşor de întreţinut. Oricine poate să aibă puţină înţelegere pentru prietenii cu patru picioare se va înţelege cu el şi va avea un companion loial alături. Un buldog francez se potriveşte în orice gospodărie, fie că locuiţi singur, fie că aveţi o familie numeroasă în jurul dumneavoastră. Este potrivit chiar şi pentru generaţiile mai în vârstă, pentru a le ţine companie sau pur şi simplu pentru a-i consola.

## PORTRET DE RASĂ

Faţa unui buldog francez pare destul de sumbră, dar acest lucru este înşelător. Este un câine extrem de prietenos şi jucăuş şi nu are nimic în comun cu un câine de luptă. Această rasă impresionează prin natura sa lipsită de pretenţii, un motiv pentru care poate fi ţinut cu adevărat de orice fel de persoană. În plus, este foarte adaptabil din toate punctele de vedere, ceea ce înseamnă că se adaptează absolut la tine şi la viaţa ta şi o trăieşte aşa cum o trăieşti şi tu. Un buldog francez va dezvolta o legătură puternică cu tine, are foarte mare nevoie de tine ca îngrijitor. De aceea, nu îi place să fie singur acasă, dar va învăţa când va trebui să o facă.

Obişnuieşte-te cu ideea de a-ţi petrece cea mai mare parte a timpului cu acest câine îmbrăţişând şi îmbrăţişând. Buldogii francezi sunt nişte îmbrăţişatori de luptă absolută şi dacă nu-l înveţi de timpuriu pe micul tău companion să doarmă în coşul lui, va trebui să împarţi şi tu patul cu mingea de pluş.

Bulldogii francezi au caracteristica de a nu lătra aproape deloc. Ei fac parte din reprezentanţii foarte calmi dintre câini, ceea ce le permite, de asemenea, să fie ţinuţi într-un apartament (cu condiţia ca proprietarul să fie de acord).

Cu toate acestea, acest câine este dotat cu un instinct de protecţie şi vă va păzi pe dumneavoastră şi proprietatea dumneavoastră. Frenchie-ul dumneavoastră va răbufni dacă ceva nu este în regulă pe teritoriul său. Cu toate acestea, buldogul francez gestionează extrem de bine astfel de momente şi nu este agresiv în niciun fel.

Este un câine de familie foarte bun datorită naturii sale vesele, jucăuşe şi absolut cuminţi, deoarece întreţine o relaţie afectuoasă cu copiii şi cu oamenii în general.

Această rasă creşte până la o înălţime de aproximativ 35 cm, deci este mai degrabă un câine de talie mică. Greutatea unui Frenchie variază între 8 kg şi 14 kg. Constituţia este foarte musculoasă şi puternică. Exteriorul pare scurt şi compact. Buldogul francez are un cap de formă pătrată. Urechile seamănă cu cele ale unui liliac şi stau drepte, orientate spre înainte. Trăsătura carismatică a acestei rase este botul "deprimat", dar acest lucru îi poate cauza probleme de sănătate considerabile. Veţi afla mai multe despre acest lucru mai târziu.

Blana se întinde aproape de corp şi nu are subpată. Acesta este motivul pentru care un Bulldog francez poate răci rapid. Nu există aproape nicio limită în ceea ce priveşte varietatea de culori. Totul este reprezentat: de la alb, la maro, la negru, roşu şi blond, precum şi diverse culori tigrate, care vin cu nume tipice pentru rasă.

Bulldogul francez este cunoscut şi sub numele de Frenchie, Bully (Bullie), Bulldog francez sau Bouledogue français. Este o rasă recunoscută de FCI şi este reprezentată, de asemenea, de două cluburi din Germania. Veţi găsi informaţii despre acest lucru într-un capitol ulterior.


# DE LA CÂINELE DE LUPTĂ LA CÂINELE DE FAMILIE - ISTORIA

Bulldogul îşi are originea în Anglia. Prima menţiune a acestei rase datează din secolul al XIII-lea, cu numele "Bonddog" şi "Bolddog". Se crede că aceştia descind din molosacii din Imperiul Roman.

Ceea ce, din păcate, îi face şi astăzi să fie discreditaţi este faptul că această rasă a fost crescută pe atunci ca un câine agresiv, care muşcă şi agită şi care a trebuit să se lupte cu taurii, dar şi cu cei din rasa sa.

Înainte de secolul al XIX-lea, luptele de câini erau obişnuite şi considerate o activitate secundară profitabilă. Din fericire, acest lucru este de domeniul trecutului, dar este încă prezent în multe minţi, astfel că buldogul este încă asociat cu câinii de luptă.

După ce luptele de câini au fost interzise în 1835, buldogii nu au mai fost, desigur, la fel de interesanți, deoarece nu mai asigurau un venit pentru proprietar și crescător. În plus, acești reprezentanți agresivi nu erau deloc utili ca și câini domestici. Această împrejurare a dus la dispariția aproape completă a buldogului, până când câțiva lucrători au avut ideea de a continua să crească această rasă ca un exemplar deosebit de mic. Acești bulldogi mici au ajuns până în Franța. Acolo au fost folosiți pentru a prinde șobolani, lucru care se făcea foarte eficient. Vestea s-a răspândit rapid în rândul populației din Franța, iar câinele de talie mică a redevenit popular; chiar și în rândul nobilimii. Pentru a păstra bulldogul de talie mică, au fost încrucișate cu acesta terieri și carlani. Astfel, în timp, a luat naștere buldogul francez așa cum îl cunoaștem astăzi.

Buldogul de talie mică, care a continuat să fie crescut în Anglia, era cunoscut aici sub numele de "buldog de jucărie" sau "buldog în miniatură" și a fost prezentat pentru prima dată la o expoziție canină în 1836. La marele și bine-cunoscutul "Dogshow" de la Birmingham din 1860, au fost prezentați mai mulți reprezentanți ai buldogilor. Toți erau atât de diferiți ca mărime, greutate și aspect exterior, încât au fost împărțiți în clase diferite. Abia atunci a fost posibilă judecarea câinilor. De atunci au existat greutăți ușoare și greutăți grele. În plus, au existat și mini-bulldogs.

Primul club care s-a ocupat de buldog francez a fost înființat la Paris în 1880, iar primul registru genealogic a fost deschis tot acolo în 1885. Încă din 1887, un câine cu numele "Bulldog francez" a fost prezentat pentru prima dată la o expoziție. Standardul rasei a fost stabilit în 1898.

Primii buldogi mici cu urechi înțepătoare au ajuns în America în 1886. Tot aici a început și creșterea acestor câini mici și prietenoși.

La o expoziție canină foarte importantă din Anglia, în 1893, au fost prezentați câțiva buldogi francezi care tocmai sosiseră din Franța. Micii Bulldogi englezi erau astfel trecuți în neființă. Începând din 1906, încrucișările dintre Bulldogii francezi și Bulldogii englezi de jucărie nu mai erau de dorit. Mini Bulldogul englez nu mai există din 1930.

Cu puțin timp înainte de începutul secolului, un buldog francez a intrat în posesia regelui englez de atunci, Edward al VII-lea, ceea ce a consfințit descoperirea. Bulldogul francez a devenit brusc atât de popular... toată lumea dorea să dețină un astfel de câine.

Bulldogul francez nu mai are caracteristicile unui câine de luptă, acestea au fost eliminate de-a lungul timpului. Astfel, această rasă este acum potrivită pentru toată lumea, chiar și pentru familiile cu copii.

# BULLDOG FRANCEZ VS. BULLDOG ENGLEZ

Între timp, cele două rase diferă considerabil, deşi buldogul englez este un strămoş al buldogului francez. Bulldogul francez este mult mai mic decât omologul său englez, care poate cântări până la 25 kg. În plus, Bulldogul francez are urechile drepte, în timp ce Bulldogul englez are aşa-numitele urechi de trandafir. O altă caracteristică externă este muşcătura inferioară distinctă, care este mai puţin pronunţată la tipul francez. La Bulldogul englez, dinţii sunt în mod constant vizibili, chiar şi atunci când botul este închis. Ambii Marele Danez au ridurile caracteristice ale pielii, dar acestea sunt mai adânci la Bulldogul englez.

Există, de asemenea, diferenţe între cele două rase atunci când vine vorba de dresaj. În timp ce Bulldogul francez este relativ uşor de dresat, Bulldogul englez este o altă problemă. Are nevoie de mâini experimentate pentru că poate fi foarte încăpăţânat. Aici este nevoie de multă consecvenţă. Cu toate acestea, Bulldogul englez este, de asemenea, extrem de sensibil şi nu-i place să se ţipe la el.

Ambele rase suferă de dificultăţi de respiraţie, ceea ce se datorează creşterii corespunzătoare. Cu toate acestea, Bully-ul francez stă ceva mai bine aici şi, prin urmare, este şi puţin mai atletic. Pliurile de piele existente necesită o îngrijire egală. Acestea ar trebui să fie inspectate şi curăţate din când în când.

În timp ce Bulldogul francez tinde să se răcească iarna, deoarece nu are subpachet, Bulldogul englez tinde să aibă probleme vara, când se încălzeşte prea tare.

Franţuzoaica cu urechi de liliac poate îmbătrâni puţin mai mult decât congenerul ei încăpăţânat din Anglia. Ea are o speranţă de viaţă de până la 12 ani, în timp ce insularul trăieşte doar până la 10 ani.

# REPRODUCEREA PRIN TORTURĂ... DA SAU NU?

Buldogul francez este considerat în general o rasă de tortură. Este crescut pentru a avea un cap mult prea scurt. Acest lucru se numeşte "brahicefalie". Nările sunt îngustate, iar palatul moale este prea lung. Adesea, laringele este, de asemenea, suplimentar cartilaginos. Ca urmare, această rasă suferă foarte mult de probleme de respiraţie şi primeşte un aer prost. Când respiră, se pot auzi sunete răguşite, uneori doar în timpul somnului, dar acest lucru este posibil şi permanent.

Din cauza acestei dificultăţi de cap, poate apărea adesea o infecţie cronică a urechii medii. Maxilarul poate fi, de asemenea, nealiniat şi atunci dinţii sunt de obicei afectaţi cu probleme de sănătate.

Bulldogii francezi au caracteristica de a nu-şi putea regla perfect temperatura corpului. Drept urmare, vara există un risc crescut de accident vascular cerebral din cauza căldurii, iar iarna se pot prăbuşi din cauza lipsei de oxigen.

Aţi observat că ochii buldogilor francezi ies foarte mult în afară de orbită. În unele cazuri, acest lucru poate deveni foarte dureros pentru câine. Animalul afectat îşi poate pierde chiar şi vederea. În plus, se poate întâmpla ca ochii, care ies foarte mult în afară, să cadă pur şi simplu, de exemplu atunci când buldogul sare de pe un scaun.

Bulldogii francezi au adesea o privire încrucişată. Acest lucru este, de asemenea, tipic pentru această rasă de câini, dar nu este foarte benefic pentru vederea câinelui. Poziţia ciudată a ochilor duce adesea la inflamaţii, cum ar fi conjunctivita.

Înmulţirea cu culoarea de blană "Blue Line" cauzează probleme de sănătate suplimentare. Aşa-numita "genă diluată" joacă un rol important în acest caz. Pe de o parte, ea este responsabilă pentru această culoare a blănii, dar, pe de altă parte, este responsabilă şi pentru diverse probleme de sănătate. De exemplu, se poate dezvolta o mâncărime puternică, care duce la eczeme ulterioare şi la pierderea blănii. Vindecarea rănilor este extrem de redusă la minimum în astfel de cazuri. Adesea, sistemul imunitar nu este suficient de matur, astfel încât câinele este susceptibil la alte boli. De asemenea, nu este exclusă nici afectarea inimii, care este mai frecventă la o rasă Blue Line. Bolile cauzate de gena diluată nu pot fi vindecate. Se poate încerca doar să se amelioreze puţin simptomele, dar câinele afectat cu greu va mai putea duce o viaţă normală. Cu toate acestea, acest defect genetic nu provoacă doar probleme fizice, ci duce şi la schimbări în temperamentul câinelui. Un Bulldog Francez cu culoarea "Blue-Line" poate suferi de hiperactivitate puternică, nervozitate şi lipsă de concentrare... şi asta se întâmplă doar pentru că această rasă specială se bazează pe un defect genetic care, de fapt, nu ar trebui să existe.

Creşterea buldogilor francezi, în general, se bazează foarte mult pe consangvinizare. Această circumstanţă este şi cauza multor caracteristici negative ale câinelui, dar este singura modalitate de a produce caracteristicile tipice ale rasei. Cu toate acestea, pot fi observate adesea handicapuri fizice, cum ar fi defecte ale coloanei vertebrale.

Se constată adesea că buldogii francezi au şoldurile foarte înguste. Acest lucru are drept consecinţă faptul că nu se poate realiza o împerechere naturală. Atunci căţeaua trebuie să fie inseminată artificial. Dar dacă şoldurile sunt deja prea înguste pentru inseminare, bineînţeles că nu poate avea loc naşterea naturală a căţeilor. Prin urmare, se efectuează o operaţie cezariană.

Per total, proprietarul unui buldog francez se poate confrunta cu costuri veterinare imense. Pentru unele "mici probleme" există soluţii chirurgicale, dar pentru altele nu există, iar câinele poate suferi foarte mult pentru tot restul vieţii sale.

# FAPTE INTERESANTE

În ciuda numelui rasei, Bulldogul francez provine iniţial din Anglia. Aşa că, de fapt, este englez şi nu francez.

De fapt, micuţul gingaş este considerat un câine foarte liniştit, care abia latră. Dar asta nu înseamnă că nu se va alătura conversaţiei tale. Bulldogii francezi pot fi cu adevărat foarte vorbăreţi. Repertoriul variază de la mârâituri, urlete, scâncete, gâlgâieli şi până la bocete zgomotoase. Printre cunoscători, acest lucru se mai numeşte şi "Frenchie talk".

Mica minge de pupăză este capabilă să facă feţe. În unele cazuri, vă va zâmbi sau chiar se va îmbufna atunci când ceva nu-i convine.

Din cauza construcţiei sale, buldogul francez este extrem de slab la înot. Capul său este foarte greu în raport cu corpul său, iar picioarele sale sunt pur şi simplu prea scurte pentru a se mişca eficient în apă. Acesta este motivul pentru care un bulldog care călătorea pe Titanic a fost asigurat în mod special. Cu toate acestea, atunci când vasul s-a scufundat, el a reuşit să se salveze, după cum au putut observa supravieţuitorii dezastrului.

Acest fapt a fost luat în considerare şi în versiunea cinematografică a acestei poveşti. Un buldog francez a fost de fapt prezentat în unele scene. Acestuia i s-a permis să rămână cu regizorul James Cameron după terminarea filmărilor şi chiar şi cunoscutul actor Leonardo DiCaprio deţine de atunci un astfel de prieten cu patru picioare. Această rasă joacă în continuare în multe alte filme de lung metraj.

Bulldogii francezi pur şi simplu arată drăguţ. Industria publicitară profită, de asemenea, de acest fapt. Reprezentanţi ai acestei rase pot fi văzuţi în multe reclame, făcând publicitate la o mare varietate de produse.

Chiar şi în social media, este greu să ne imaginăm viaţa fără buldogul francez. Multe vedete şi starlete deţin un astfel de câine şi le place să îl prezinte pe diverse portaluri de internet. Aşa sunt create cele mai amuzante videoclipuri şi instantanee şi da... există chiar şi francezi cu propriul cont de Instagram.

# Cumpărarea şi aclimatizarea unui căţeluş

Dumneavoastră şi familia dumneavoastră aţi decis să cumpăraţi un buldog francez. Dar, bineînţeles, această decizie nu este sfârşitul poveştii, pentru că acum începe căutarea unui crescător al acestei rase.

Odată ce aţi găsit unul, este important să aflaţi dacă are o reputaţie bună şi dacă oferă căţei sănătoşi. În acest capitol veţi afla ce trebuie să căutaţi.

Dar trebuie să te mai gândeşti la câteva lucruri, pentru că, dacă în cele din urmă te-ai decis pentru un căţeluş, noul membru al familiei va avea nevoie de o serie de accesorii, pe care este logic să le achiziţionezi înainte de a te muta.

Nu în ultimul rând, există câteva aspecte legale pe care trebuie să le luaţi în considerare, iar atunci când vine ziua cea mare... cum faceţi ca mutarea să fie cât mai puţin stresantă pentru micuţul căţeluş? Citeşte mai departe şi vei afla.

## ACHIZIŢIONAREA UNUI CĂŢELUŞ

Merită întotdeauna să menţionăm urgent că trebuie să cumpăraţi un căţeluş numai de la un crescător recunoscut de VDH. Acesta este cel mai puţin probabil să fiţi înşelat. Crescătorul unui câine cu pedigree este supus unor reglementări stricte. La ferma de reproducere au loc controale pentru a se asigura conformitatea. Puietul de căței este, de asemenea, inspectat pentru a obține un accept pozitiv din partea responsabilului de rasă.

Prin urmare, nu vă lăsați păcăliți de reclamele care oferă un cățeluș deosebit de ieftin. Adesea, primiți animale care provin dintr-un așa-numit "laborator de reproducere". Aici, accentul se pune doar pe cantitate, dar nu pe calitate. Cățelele trebuie să nască de mai multe ori pe an, astfel încât afacerea să fie profitabilă. Cu toate acestea, nu există îngrijire medicală pentru mamă sau pentru căței, care, în ochii acestui crescător care face bani, sunt costuri inutile. Nu este neobișnuit ca animalele tinere să fie foarte bolnave și, adesea, să nu supraviețuiască primului an de viață. În plus, acestea îi provoacă cumpărătorului facturi mari la veterinar, deoarece viața micuțului ar trebui totuși salvată.

Este mai bine să plătiți un preț real la un crescător de renume, care poate depăși cu mult 1.000 de euro. Dar veți primi un cățeluș care este sănătos pentru rasa sa și care a avut toate examinările și vaccinările necesare.

Acum, desigur, există și diferențe considerabile între crescătorii germani. Pe lângă cei care sunt interesați doar de câștiguri financiare, există și cei care cresc câini doar din plăcere și cei care îi cresc în mod profesionist. În cazul celor doi din urmă, însă, veți constata că sănătatea și bunăstarea câinilor sunt primordiale.

Dacă vizitați acum crescătorul unui buldog francez, veți putea probabil să determinați dacă acesta are o reputație bună imediat ce intrați în incinta crescătoriei. Uitați-vă bine la tot. Dacă simțiți că locul este îngrijit și curat, puteți vorbi cu crescătorul. Apoi, veți afla și dacă crescătorul este membru al unui club VDH. Acestea sunt primele premise bune care vorbesc în favoarea unei achiziții de la acest crescător.

Atunci când examinați puii, priviți cu atenție și mama. Dacă pare sănătoasă și plină de viață, dacă blana nu pare zbârcită și dacă este fericită să își lase puii să vină la ea, totul este în regulă. Puii ar trebui, desigur, să aibă acces neîngrădit la mamă. Dacă crescătorul vă arată de bunăvoie toate actele necesare, puteți presupune că totul este în regulă.

Dar există și alte criterii necesare pentru a face un crescător de câini de renume. De exemplu, acesta ar trebui să fie specializat doar într-o singură rasă. Dacă intri într-o unitate în care se cresc mai mult de două rase, nu mai poți vorbi de o bună calitate. În acest caz, este mai bine să căutați un alt crescător.

În plus, crescătorul trebuie să acorde o mare importanță selecției părinților. Aici, natura adecvată a buldogului francez ar trebui să fie pusă în armonie cu aspectul său legat de rasă. De exemplu, această rasă nu mai are o natură de luptător, ci este calmă și prietenoasă față de toate ființele vii. Aici, un pedigree care merge mult în trecut ar putea fi util pentru a judeca cățeii în ceea ce privește natura și dispozițiile lor.

Lasă-ți privirea să se plimbe încă o dată peste instalația de reproducere. Dacă aveți impresia că aici sunt adăpostiți mai mulți câini decât permite de fapt dimensiunea spațiului, ar trebui să vă încheiați vizita aici. Îngrijirea animalelor, dar și timpul și atenția crescătorului ar putea fi foarte slabe aici.

Cu toate acestea, nu deveniți suspicios dacă crescătorul vă pune multe întrebări despre mediul personal și obiceiurile de viață. Cu siguranță nu este vorba de curiozitate, ci mai degrabă de un interes de a se asigura că puii săi vor găsi un cămin adecvat speciei lor. Veți primi, de asemenea, o mulțime de sfaturi bine intenționate de la un crescător serios.

Odată ce v-ați hotărât asupra unui crescător, ar trebui să-l vizitați de mai multe ori pentru a confirma prima impresie bună despre sistemul său. În plus, este util ca tu și viitorul tău cățeluș să vă cunoașteți deja puțin aici, într-un mediu familiar, interacționând cu el. Un crescător bun nu vă va refuza această dorință.

Dacă sunteți de acord să cumpărați un cățeluș, ar trebui să încheiați cu siguranță un contract scris cu crescătorul. Acest lucru este în interesul ambelor părți. Pe lângă datele personale ale ambelor părți, aici trebuie să fie enumerate și datele complete ale "obiectului achiziției". Aceasta include pedigree-ul cățelului și istoricul de vaccinări. Crescătorul ar trebui să asigure, de asemenea, că, în urma unui examen veterinar, cățelul nu are nicio boală.

Când vine ziua în care trebuie să luați cățelul, un crescător de renume vă va da câteva sfaturi despre cum să îl aclimatizați. De asemenea, vă va da hrana obișnuită pentru primele zile, astfel încât micuțul să nu fie deja nevoit să suporte o schimbare de regim alimentar. De asemenea, ar fi ideal dacă crescătorul vă stă la dispoziție și pe viitor, în caz de probleme sau întrebări.

# VDH ȘI FCI – DESPRE CE ESTE VORBA?

În Germania există două cluburi pentru Bulldogul francez care aparțin VDH. Acestea sunt "Französische Bulldoggen Verein Deutschland e. V." și "International Club for French Bulldogs e. V.".

VDH este Clubul canin german și reprezintă interesele tuturor proprietarilor de câini din Germania. Aici veți găsi persoana de contact potrivită dacă aveți întrebări legate de câini, de întreținerea lor, de creșterea câinilor sau despre diverse oportunități sportive.

Între timp, 180 de cluburi canine germane fac parte din VDH. Acesta este locul unde sunt stabilite și administrate standardele individuale ale rasei. VDH inspectează periodic crescătorii recunoscuți, care, la rândul lor, trebuie să fie membri ai unui club canin. Acest club trebuie să facă parte din VDH, deoarece numai atunci câinii de reproducție și descendenții lor sunt recunoscuți oficial și primesc un pedigree.

VDH este membru al FCI în numele Germaniei. FCI (Fédération Cynologique Internationale) este federația mondială de cynologie. În prezent, aici sunt reprezentate 99 de țări, câte o asociație pentru fiecare țară. Între timp, 352 de rase de câini diferite sunt recunoscute de FCI. Fiecare rasă are propriul său standard de rasă, care este supravegheat de țara în care rasa a fost inițial domiciliată. VDH se ocupă de 32 de rase de câini. FCI se asigură că toate asociațiile internaționale membre își recunosc reciproc pedigriile.

În cadrul FCI, toate rasele de câini sunt împărțite în diferite grupe și secțiuni, astfel încât să poată fi clasificate mai bine. Acestea ar fi:

- Grupa 1: Câini de pășunat și de conducere, cu excepția câinilor de munte și a câinilor pentru bovine din Elveția.
- Grupa 2: Pinscher și Schnauzer - Molosser - Câini de munte și câini ciobănești elvețieni
- Grupa 3: Terrier
- Grupa 4: Teckel
- Grupa 5: Spitz și câini de tip primitiv
- Grupa 6: Câini de curse, câini de vânătoare și rase înrudite
- Grupa 7: Câini de urmărit
- Grupa 8: Câini recuperatori - Câini recuperatori - Câini de apă
- Grupa 9: Câini de companie și sociali
- Grupa 10: Greyhounds

Bulldogul dumneavoastră francez este listat cu numărul de standard 101 în grupa 9, secțiunea 11, câini mici de tip mastiff, fără test de lucru.

# ECHIPAMENT PENTRU PRIETENUL CU PATRU PICIOARE

Înainte de a vă putea lua micul buldog francez de la crescător, ar trebui să vă procurați câteva accesorii, astfel încât acestea să fie disponibile atunci când cățelul se va muta la dumneavoastră.

Împărțiți-l în diferite grupuri, astfel încât să aveți o imagine de ansamblu mai bună.

## Pentru drumuri, aveți nevoie de:

O zgardă sau un ham cu lesă pentru câini. Aceste articole sunt deja necesare atunci când vă transportați prietenul cu patru picioare acasă. De asemenea, ar trebui să aveți la dispoziție și o ladă adecvată pentru câini în acest scop, astfel încât să nu apară incidente pe drum. Alternativ, puteți achiziționa o centură de siguranță specială pentru câini pentru a asigura ghemul de blană în mașină. Pentru călătoriile mai lungi, ar trebui să aveți la dispoziție un bol pliabil pentru mâncare și băutură.

Pentru antrenamente ulterioare, este posibil să aveți nevoie de o linie de tragere. Este posibil ca în lunile de iarnă să ieșiți cu prietenul dumneavoastră cu patru picioare pe întuneric. O zgardă luminoasă s-a dovedit a fi utilă în acest scop. În acest fel, veți fi observat de la distanță de către trecătorii care se apropie sau de traficul de pe stradă. Nu uitați să aveți întotdeauna la dumneavoastră o pungă pentru rahat, deoarece trebuie să îndepărtați și să aruncați excrementele câinelui dumneavoastră.

După cum ați experimentat deja, un buldog francez poate răci foarte repede, deoarece nu are strat inferior de blană. Ar fi bine să vă procurați o haină potrivită pentru zilele mai reci.

## Pentru acasă veți avea nevoie de:

Un pat sau un coș pentru câini cu o pătură sau o pernă moale. Alegeți un loc liniștit pentru ca buldogul francez să doarmă, astfel încât să nu fie deranjat de rutina zilnică a familiei dumneavoastră. Un cățeluș are nevoie de mult somn în timpul zilei.

Pentru mese, ar trebui să puneți la dispoziție două boluri, unul pentru a servi mâncarea și celălalt pentru apă suficientă. În cazul în care câinele dvs. de luptă se transformă într-un mâncător de luptă și se comportă ca un mic mistreț, ar fi util și un tampon pentru boluri. În acest fel, puteți curăța rapid scurgerile.

Nu uitați să puneți la dispoziție câteva jucării. Asigurați-vă că acestea sunt adecvate vârstei câinelui dumneavoastră. Înlocuiți-o în timp dacă devine prea mică sau se rupe.

## Chuck

Pentru prima dată, este recomandabil să îi dați cățelușului hrana pe care a primit-o deja de la crescătorul său. El știe și îi place acest lucru. Îi puteți schimba dieta atunci când este prea mare pentru hrana pentru cățeluși. Atunci puteți decide dacă să-i oferiți hrană uscată sau umedă. De asemenea, ar trebui să aveți pregătite dulciuri pentru primul antrenament. Fiți atenți la ingrediente, s-ar putea să găsiți unele care conțin puține calorii.

## Dog grooming

Deși câinii ar trebui să fie spălați rar sau niciodată, acest lucru poate deveni necesar. Din când în când, prietenii cu patru picioare au obiceiul de a se rostogoli și de a se stropi în cele mai urât mirositoare lucruri. Bineînțeles, nu doriți acest miros în casă și atunci se impune o baie. Pentru aceasta, vă rugăm să folosiți un șampon special pentru câini, astfel încât pielea să fie agresată cât mai puțin posibil. Poate că aveți pe aici niște prosoape vechi pe care le puteți folosi pentru Marele Danez. Ar trebui să aveți o perie adecvată, astfel încât să puteți toaleta blana în mod regulat. De asemenea, ar trebui să aveți o pereche de clești pentru căpușe, astfel încât să puteți îndepărta rapid musafirii neinvitați. Dacă sunteți suficient de încrezător pentru a tăia singur ghearele câinelui dumneavoastră, puteți cumpăra și o pereche de foarfece pentru gheare.

## Urgențe

O mică trusă de prim-ajutor poate fi utilă, astfel încât să aveți tot ce vă trebuie în caz de accident. Aceasta ar trebui să conțină diverse bandaje și un spray dezinfectant. Puteți decide să folosiți bandaje autoadezive, care sunt mai ușor de aplicat pe câine. Pentru dezinfectare, așa-numitul spray albastru sau iod s-a dovedit foarte eficient. Bineînțeles, nu trebuie să lipsească nici foarfecele pentru bandaje.

Chiar dacă sperăm că nu veți avea niciodată nevoie de ea, ar trebui să aveți la îndemână o botniță adecvată. Un câine care suferă foarte mult poate deveni imprevizibil și poate mușca.

De asemenea, puteți păstra cleștele pentru căpușe și foarfecele pentru gheare în dulapul cu medicamente. Acestea sunt lucruri de care nu veți avea nevoie în fiecare zi, astfel încât să ştiţi întotdeauna unde se află aceste ustensile. De asemenea, aveţi nevoie de pensete şi de un termometru clinic.

Pentru protecţia dumneavoastră, ar trebui să păstraţi o pereche de mănuşi de unică folosinţă în dulapul cu medicamente al câinelui.

Nu în ultimul rând, nu faceţi experimente. Trataţi câinele rănit ca măsură de prim ajutor şi mergeţi imediat la un veterinar pentru ca acesta să primească tratamentul potrivit.

## Legal

Din păcate, există şi câteva formalităţi de care trebuie să ne ocupăm. Dacă nu aveţi norocul de a nu fi nevoiţi să plătiţi taxa pentru câini, este obligatoriu să vă înregistraţi prietenul cu patru picioare la primărie. Veţi primi o plăcuţă de identificare a câinelui pe care buldogul dumneavoastră trebuie să o poarte la zgardă de îndată ce vă aflaţi pe drumurile publice.

Asigurarea de răspundere civilă pentru câini este obligatorie în unele state federale. Dacă nu este cazul în locul în care locuiţi, ar trebui totuşi să luaţi serios în considerare încheierea unei astfel de asigurări. În calitate de proprietar al câinelui, sunteţi responsabil şi trebuie să plătiţi pentru toate daunele cauzate de prietenul dumneavoastră cu patru picioare. Acest lucru vă poate costa foarte mulţi bani şi vă poate distruge economiile.

Asigurarea de sănătate nu este neapărat obligatorie pentru câinele dumneavoastră, dar vă va proteja de facturile mari de la veterinar. Alternativ, puteţi pune deoparte o anumită sumă de bani în fiecare lună, astfel încât să aveţi întotdeauna mijloacele financiare necesare în caz de urgenţă.

Înainte de a vă muta căţelul la dumneavoastră, ar trebui să alegeţi deja un veterinar de încredere. Dacă apare o urgenţă şi trebuie să căutaţi un veterinar în zona dumneavoastră, veţi pierde timp preţios.

## Util

Aţi ajuns deja să vă cunoaşteţi noul protejat de la crescător, vizitându-l des şi petrecând timp cu el. Poate că v-aţi gândit deja cum aţi dori să vă numiţi francezul. Aţi putea alege un nume care să fie asociat cu culoarea sau cu caracterul său. Uneori, puteţi găsi un nume potrivit în filme sau seriale. Dacă nu aveţi încă o idee, asta nu este atât de rău în acest moment. Aşteptaţi până când micuţul se va muta cu voi; cel târziu atunci veţi găsi un nume frumos pentru el.

Lăsaţi o pătură sau un prosop la crescător, astfel încât mirosurile familiei de câini să se perpetueze pe ea. Dacă acum vă luaţi căţelul şi îi puneţi la dispoziţie această pătură atât în cutia de transport, cât şi mai târziu, acasă, micuţul ar putea suferi mai puţin de pe urma separării, deoarece îşi poate simţi în continuare mirosul mamei şi al fraţilor.

V-aţi gândit să vă "protejaţi" grădina şi casa de căţei? Dacă nu, atunci ar trebui să vă apucaţi de treabă acum. Micuţul nu ar trebui să aibă acces la coşurile de gunoi. Puneţi mâncarea deoparte, astfel încât să nu poată ajunge la ea. Ţineţi toate obiectele care vă sunt dragi la îndemână. De asemenea, gândiţi-vă la cablurile electrice expuse şi la plantele de apartament posibil otrăvitoare. Pe viitor, ar trebui să păstraţi agenţii de curăţare şi alte substanţe chimice într-un dulap închis.

În grădină, deplasaţi obiectele ascuţite şi uneltele de grădină într-o parte, astfel încât să nu existe niciun risc de rănire pentru căţeluş. Este gardul din grădină suficient de înalt pentru ca prietenul dumneavoastră cu patru picioare să nu poată sări peste el? Dacă nu, asiguraţi-vă că gardul este mai înalt. De asemenea, asiguraţi-vă că există locuri prin care se poate strecura... nu v-ar veni să credeţi cât de curioşi pot fi câinii tineri şi pot "face cotitura" într-un moment nepăzit. Dacă aveţi o grămadă de compost, ar trebui, de asemenea, să o protejaţi de atacurile noului dvs. coleg de apartament. Gândiţi-vă la plante, fructe şi legume otrăvitoare. Există multe lucruri care sunt foarte otrăvitoare pentru câini. Căutaţi un colţ potrivit şi adăpostit în grădină pe care Bulldogul dumneavoastră francez să îl poată folosi ca toaletă. Ar fi logic să amenajaţi această zonă un pic diferit de celelalte zone. Un gard mic ar putea împrejmui zona de toaletă, iar câteva scoarţe de lemn sau nisip împrăştiate pot să o distingă vizual de restul grădinii.

## MÂNGÂIETORUL SE MUTĂ

Aţi pregătit totul acasă pentru noul dvs. companion, iar acum a venit ziua cea mare în care îl veţi lua de la crescător. Dar ce se întâmplă în continuare după ce micul ticălos a ajuns în noua sa casă?

Primul lucru pe care francezul tău va trebui cu siguranţă să îl facă este să se dezmeticească. După ce coborâţi din maşină, duceţi-l în zona desemnată din grădină. Dacă îşi face treaba aici, lăudaţi-l pentru asta. De asemenea, este posibil să trebuiască să aşteptaţi o vreme până când îşi va face nevoile.

De acum încolo, totul este brusc diferit pentru căţeluş. Nu-şi va mai vedea mama şi îi va fi dor şi de fraţii săi. Veţi observa acest lucru mai ales atunci când seara a venit liniştea, s-ar putea să fiţi onorat cu un concert de urlete. Buldogilor francezi le place să se îmbrățișeze și au nevoie de mult contact fizic. Aveți grijă de cel mic ...

Acum, micuțul obraznic de pluș este încă mult prea emoționat pentru a plânge după familia sa. De îndată ce intră în casa dumneavoastră, trebuie mai întâi să examineze și să inspecteze totul. Cățelușul își va adulmeca drumul de la o cameră la alta și se va uita cu atenție la noua lui casă. Urmați-l și, de îndată ce ajunge la locul său de dormit, de exemplu, arătați-i împrejurimile. Acest lucru este valabil și pentru zona de hrănire. Poate că în acest moment îi dați puțină mâncare pentru cățeluși.

Petreceți cât mai mult timp cu cățelul dumneavoastră, mai ales în aceste prime zile, foarte importante. Poate aveți ocazia să vă luați concediu. Cu cât mai mult timp vă puteți acorda, cu atât mai bine pentru cel mic. Acest lucru îi va distrage atenția de la durerea despărțirii și îi va permite să construiască o legătură bună și încredere cu tine și cu familia ta. Ar trebui să stabiliți o rutină în programul zilnic încă de la început. După ce vă treziți, scoateți cățelul afară la toaletă, apoi luați micul dejun, care ar putea fi urmat de o scurtă plimbare. Acum micuțul trebuie să se odihnească și apoi este timpul să se joace. Iată cum ar putea decurge primele zile.

Odată ce Bulldog francez s-a acomodat cu dvs., sunteți binevenit să invitați vizitatori pentru a prezenta noul membru al familiei. Acest lucru promovează, de asemenea, socializarea prietenului dumneavoastră cu patru picioare. În următoarele săptămâni, el va învăța și va experimenta o mulțime de lucruri noi. Asigurați-vă că acest lucru se întâmplă întotdeauna cu impresii pozitive pentru cățeluș. Astfel, el va putea face față cu bine tuturor situațiilor mai târziu.

Nopțile s-ar putea să fie puțin nedormite pentru dumneavoastră în prima perioadă. Un câine atât de tânăr nu se poate reține încă foarte mult timp și va trebui să facă pipi mai des. Cu toate acestea, nu ar trebui să faceți tam-tam din această cauză pe timp de noapte. Scoateți-l afară, lăsați-l să-și facă nevoile și apoi duceți-l înapoi în casă. Nu se joacă și nu mănâncă în acest moment.

Dacă prietenul tău cu patru picioare urlă noaptea pentru că îi este dor de familia sa canină, liniștește-l cu cuvinte blânde. Vă rugăm să nu-l puneți în brațele dumneavoastră pentru a-l liniști, ar putea profita de acest lucru în următoarele nopți și să urle din nou și din nou pentru a atrage atenția. Cu timpul va ceda și micuțul va deveni mai calm.

Locul în care vă lăsați cățelul să doarmă este un lucru pe care trebuie să îl decideți individual. Gândiți-vă la faptul că micuțul nu a mai fost niciodată singur noaptea. Și-a petrecut nopțile alături de mama și de frații săi, ceea ce i-a oferit o anumită siguranţă. El nu mai are această siguranţă. Aşa că ar putea avea sens să amenajaţi locul de dormit lângă patul dumneavoastră, cel puţin pentru moment. În acest fel, noul dvs. companion are şi el siguranţă şi nu se simte lăsat singur. Mai târziu, puteţi alege un alt loc de dormit în casă.

Nu trebuie să aveţi mustrări de conştiinţă dacă decideţi să vă lăsaţi căţelul să doarmă în pat cu dumneavoastră. Mulţi stăpâni de câini îşi doresc acest lucru şi fac acest lucru să se întâmple. Alţii nu vor neapărat să aibă câinele în pat. Aceasta este o chestiune de opinie personală şi fiecare trebuie să decidă pentru sine. În orice caz, s-a dovedit că prietenul dumneavoastră cu patru picioare nu se va pune mai presus de dumneavoastră dacă îi permiteţi să doarmă în patul dumneavoastră. Câinele, în general, este un animal de haită şi, prin urmare, îi place să fie aproape de omul său. Bulldogul francez, în special, este extrem de orientat către oameni.

# Dieta

Pentru ca oamenii să înțeleagă ce alimente mănâncă sau trebuie să mănânce câinii, este important să analizăm sistemul digestiv. Aici nu este vorba despre câinele domestic, ci mai degrabă despre strămoșul câinelui: lupul. În ciuda poveștilor populare, lupul nu este un carnivor pur. Acesta nu mănâncă exclusiv carne. În schimb, se hrănește cu ierburi, rădăcini, ierburi și fructe de pădure atunci când nu poate ucide vânat. Un lup își consumă prada ucisă până la blană, piele și oasele mari. Se pot trage diverse concluzii din acest lucru. Pe de o parte, acest lucru indică o dietă bazată pe carne, pe de altă parte, pot exista și argumente care implică mai puțină carne până la deloc, dar înainte de a ne decide pentru unul dintre argumente, este important să explicăm că stomacul și sistemul digestiv al unui câine sunt mult mai sensibile decât cele ale unui om. La om, pot apărea probleme pe termen scurt dacă nu sunt satisfăcute nevoile nutritive de bază. Aceste probleme pe termen scurt se manifestă prin deficiențe care pot fi ușor remediate. La câini, însă, problemele pe termen lung apar în mod inevitabil dacă sunt hrăniți cu o dietă greșită. Aceste probleme se manifestă foarte repede și se pot deteriora rapid. Apar boli precum diabetul, cancerul, bolile articulare, bolile de piele, scheletice și cardiovasculare.

BARFing - "hrană crudă adecvată biologic pentru fiecare specie" - este foarte popularizată. Această formă de nutriție se concentrează pe prepararea unor mese de înaltă calitate constând în carne, oase, organe și măruntaie crude, cu puține fructe și legume. Această formă de alimentație este descrisă ca fiind deosebit de adecvată speciei, deoarece pare a fi cea mai apropiată de alimentația lupilor. Cu toate acestea, lupii au un simț atunci când le lipsesc anumite vitamine și minerale. Din acest motiv, ei pot căuta în natură plante neconvenționale care să le ofere substanțele active care le lipsesc. Acest lucru nu funcționează în cazul câinilor, deoarece aceștia sunt hrăniți de stăpânii lor și nu își pot alege singuri hrana; nu își pot regla singuri echilibrul de vitamine. Prin urmare, BARFing-ul poate duce rapid la o alimentație insuficientă dacă nu se acordă atenție unei compoziții minuțios de complicate a oligoelementelor, mineralelor și vitaminelor potrivite. În prezent, dresorii profesioniști de câini și influencerii sunt foarte entuziasmați de această tendință, în timp ce medicii veterinari sfătuiesc adesea împotriva BARFing.

Nu trebuie să uităm că BARFing necesită mult timp și este, de asemenea, o hrană de înaltă calitate pe care nu toată lumea și-o poate permite. Cei care dresează cățeli și câini tineri ar trebui, de asemenea, să aibă grijă urgent să evite BARFing, deoarece altfel poate apărea opusul unei alimentații insuficiente - o alimentație excesivă. Cățeii pot reacționa într-un mod similar cu oamenii care iau o supradoză de medicamente sau droguri. Câinii bolnavi şi supraponderali nu ar trebui, de asemenea, să fie hrăniţi cu BARF.

Dacă faceţi cercetările corecte, dacă vă cunoaşteţi câinele îndeaproape, dacă vă ocupaţi de medicii veterinari, dacă cunoaşteţi bugetul biologic al câinelui dumneavoastră şi dacă nu vă feriţi de costuri, puteţi lua în considerare BARFing ca o alternativă de înaltă calitate. Este important să se urmeze un plan alimentar strict. Acesta ar trebui să fie aprobat de un medic veterinar specializat în mod special în domeniul nutriţiei animalelor. În plus, un proprietar trebuie să ştie ce alimente are voie să mănânce un câine.

În ceea ce priveşte carnea, aproape totul este sigur. Mai exact, puteţi alege între carnea de cap, carnea de muşchi şi organele selectate. Printre acestea se numără rinichi şi inimă, splină şi ficat, rumen, guşă şi stomac frunzos. Oasele furnizează oligoelemente importante şi calciu, precum şi magneziu. Asiguraţi-vă doar că oasele nu sunt prea mari şi că nu sunt fierte. Oasele fierte, cum ar fi cele din mâncărurile de pui, au un risc ridicat de a se sparge şi pot provoca leziuni masive ale esofagului. Acelaşi lucru este valabil şi pentru peşte. Capetele de peşte pot fi mâncate, dar există prea multe oase în jurul corpului care se pot sparge. În plus, trebuie avut grijă ca organele de porc şi carnea de porc să fie servite doar gătite, din cauza diferitelor boli şi bacterii.

În BARFing, carnea, oasele şi organele reprezintă porţia principală. Această porţie poate fi completată cu legume şi fructe. Diferitele tipuri de legume care le plac majorităţii câinilor şi care au, de asemenea, un efect pozitiv asupra sistemului circulator includ morcovii, spanacul, salata şi ţelina, păstârnacul şi broccoli. Ceapa şi avocado ar trebui însă evitate, iar cei care doresc să servească cartofi trebuie să se asigure că îi gătesc bine în prealabil. Unora li se poate părea ciudat să hrănească un câine cu cartofi, însă cartofii raşi sunt o modalitate bună de a amesteca medicamente sau pulberi minerale în mâncare.

Fructele, pe de altă parte, ajută sistemul digestiv şi pot fi folosite în special multe tipuri de fructe. Printre acestea se numără merele, caisele, murele, bananele şi perele, căpşunile, afinele şi măceşele, pepenii de miere, zmeura, coacăzele în cantităţi mici, mirabeli, pepenii verzi, cireşele, kiwi, prunele, piersicile şi coacăzele în cantităţi mici. Ar trebui evitate sultaninele şi strugurii, deoarece nu numai că stimulează excesiv intestinele, dar pot duce şi la diaree şi constipaţie. Cu toate acestea, fructele şi legumele nu sunt suficiente pentru a menţine echilibrul vitaminic. Pentru a preveni carenţele, pot fi folosite şi plantele medicinale. Acestea pot fi ierburi culese care se taie în bucăţi mici sau ulei din plante. Printre acestea se numără busuiocul, lucerna, borşul, frunzele de mure şi zarzavat, mărarul, feniculul, tarhonul, păpădia, chimenul, menta şi muşeţelul, precum şi ciorba, pătrunjelul, măghiranul, cimbrul şi oregano. Mai presus de toate, ar trebui să se pună preţ pe calitatea cărnii. Este important ca carnea să fie de înaltă calitate, astfel încât să se poată obţine un nivel echilibrat de minerale. Carnea din supermarket trebuie evitată, deoarece nu este lipsită de arome, conservanţi şi coloranţi.

În plus, trebuie evitate ingredientele care se găsesc în hrana ieftină pentru câini. Printre acestea se numără copitele şi dinţii, penele, blana, pielea şi ghearele, precum şi intestinele şi excesul de sânge, care poate fi contaminat cu urină şi fecale. Consumul de organe sexuale şi glande care conţin hormoni s-a dovedit a fi deosebit de periculos. Hrana ieftină pentru câini poate fi vândută aproape gratuit, deoarece ingredientele sunt cele care nu pot fi refolosite de un măcelar sau de industrie. Sunt resturi care nu pot fi prelucrate în cadrul unor produse de înaltă calitate.

BARFing implică mult timp şi bani. Nu toată lumea poate urma acest stil de viaţă. Cei care nu pot, se pot limita la produsele din supermarket. Trebuie avut grijă ca aceste produse să fie de înaltă calitate. Pentru a verifica acest lucru, merită să aruncaţi o privire la spate. Toate ingredientele sunt tipărite acolo. Trebuie să se acorde o atenţie deosebită pentru a se asigura că nu există deşeuri de abator, subproduse, aditivi şi cereale în aceste produse. Dacă ingredientele tipărite pe spatele ambalajului par neclare, aceste produse trebuie evitate.

## Hrană uscată sau hrană umedă?

Aşa cum se întâmplă adesea, există avantaje şi dezavantaje atât pentru hrana uscată, cât şi pentru cea umedă, care vorbesc în favoarea sau împotriva hrănirii cu acestea. În principiu, ambele tipuri de hrană, dacă sunt declarate ca fiind complete, conţin toate substanţele nutritive, vitaminele şi mineralele necesare unui câine. Cu toate acestea, există diferenţe în ceea ce priveşte calitatea ingredientelor individuale şi a alimentelor utilizate, precum şi în ceea ce priveşte disponibilitatea nutrienţilor şi toleranţa. În cele din urmă, trebuie să decideţi ce metodă de hrănire credeţi că este cea mai bună. Orice hrană gata preparată disponibilă în comerţ, fie că este uscată sau umedă, îi puteţi da câinelui dumneavoastră fără ezitare. În Germania, există o monitorizare foarte strictă a producţiei de hrană pentru animale de companie. Pot fi folosite numai ingrediente şi materii prime care nu dăunează unui animal, ci îl menţin sănătos. Chiar dacă citiţi despre deşeuri de abator conţinute în mâncare, acestea nu sunt în niciun caz nesănătoase pentru câinele dumneavoastră, deoarece este vorba întotdeauna de carne care ar fi potrivită şi pentru consumul uman. Sunt doar produse care nu mai sunt folosite în bucătărie, dar care au fost cândva obişnuite în alimentaţie. Aşadar, dacă nu vreţi sau nu puteţi să pregătiţi singuri masa câinelui, nu vă temeţi să folosiţi hrană gata preparată din magazine.

Majoritatea câinilor tolerează destul de bine hrana uscată, deoarece, de obicei, absorb suficientă apă. Cu toate acestea, proporţia de carbohidraţi este destul de mare. Din motive de producţie, 30% din hrană constă în amidon. De asemenea, câinii digeră carbohidraţii. Prin urmare, este o sursă excelentă de energie. Există pericolul ca acei câini care primesc multă hrană uscată să se îngraşe fără să fie vreodată sătui.

Deoarece mâncarea nu miroase urât, chiar dacă rămâne în castron zile întregi, mulţi stăpâni de câini au tendinţa de a lăsa hrana uscată în castron tot timpul. De îndată ce acesta este gol, îl umplu. Din nefericire, mulţi câini mănâncă până când nu mai au nimic în stomac, o moştenire a lupului. Lupul a trebuit să acţioneze în acest fel deoarece nu ştia când va lovi o altă pradă. Aşadar, nu este recomandabil să oferiţi unui câine acces constant la mâncare.

Aspectul cărnos este înşelător. Mâncarea uscată nu este carne uscată, ci un produs de patiserie care este produs de obicei prin extrudare. O maşină presează un aluat într-o matriţă folosind presiune ridicată şi abur. Căldura descompune carbohidraţii, făcându-i mai uşor de digerat. Rezultatul sunt crochete pe care probabil niciun câine nu le-ar atinge. Doar un strat de grăsime, vitamine şi proteine le face interesante pentru majoritatea câinilor.

## Compoziţia furajelor uscate (exemplu)

|  | Furaje ieftine | Hrană specială |
|---|---|---|
| Compoziţie | Cereale | Orez |
|  | Carne şi subproduse de origine animală | Pui uscat |
|  | Subproduse vegetale | Morcovi |
|  | Uleiuri şi grăsimi | Grăsime de pui |
|  | Legume | Ou întreg |
|  | Minerale | Ulei de rapiţă |
|  |  | Inulină |
|  |  | Ulei de seminţe de in |

|  |  | Drojdie |
| --- | --- | --- |
| **Proteină** | 19% | 24,6 % |
| **Grăsime** | 7,5 % | 14 % |
| **Cenușă brută** | 7,5 % | 5,6 % |
| **Fibră brută** | 3 % | 1,3 % |

Hrana de înaltă calitate conține mult mai multe proteine și grăsimi. În plus, știți ce cereale și ce carne se află în ea. Subprodusele de origine animală și vegetală nu sunt prezente în hrana specială. Așadar, dacă doriți să hrăniți cu hrană uscată, respectați exact dozajul și alegeți un produs de înaltă calitate.

## Mâncare gătită acasă

Tot ceea ce câinele dumneavoastră are voie să mănânce, puteți, bineînțeles, să gătiți și să vă pregătiți singur. Asigurați-vă că nu condimentați prea mult mesele pentru prietenul dumneavoastră cu patru picioare, de preferat deloc. Anumite condimente sunt dăunătoare pentru sănătatea câinelui dumneavoastră, iar aici se aplică și următorul lucru: informați-vă bine asupra ingredientelor din fiecare hrană, astfel încât dragul dumneavoastră să nu sufere de malnutriție. Medicul veterinar vă va putea oferi sfaturi și sprijin.

## Hrană uscată sau hrană umedă?

Puteți folosi fără ezitare hrana uscată sau umedă convențională din magazine. Majoritatea proprietarilor de câini aleg acest tip de hrană pentru că este cel mai simplu. Dacă alegeți o hrană uscată, trebuie să aveți întotdeauna apă proaspătă la dispoziție, astfel încât câinele dumneavoastră să poată absorbi suficientă umiditate. Hrana uscată are avantajul că prietenul dumneavoastră cu patru picioare trebuie să își folosească dinții și astfel are loc o prevenire naturală a cariilor.

Acest lucru nu se întâmplă în cazul hranei umede, deoarece bucățile de hrană sunt foarte moi. În acest caz, ar trebui să oferiți elemente suplimentare de mestecat. Asigurați-vă că hrana umedă are un conținut ridicat de carne.

**Avantajele și dezavantajele hranei uscate:**

Hrana uscată este populară în principal pentru că este pur și simplu mai practică pentru proprietarul câinelui. Are un termen de valabilitate mai lung și este ușor de transportat. Motivul pentru aceasta este conținutul foarte scăzut de umiditate. În plus, hrana uscată este ușor de porționat și de cântărit și poate fi introdusă chiar și în așa-numitele hrănitoare automate, care distribuie automat câinelui cantitatea stabilită de hrană în fiecare zi. De asemenea, necesită mult mai puțin spațiu pentru depozitare, ceea ce o face deosebit de populară în gospodăriile mici. În consecință, există, de asemenea, mai puține deșeuri de ambalaje. Și nu uitați că hrana uscată este de obicei mai ieftină decât cea umedă. Un alt avantaj este că hrana uscată provoacă mai puțină mizerie în jurul bolului, chiar dacă câinelui îi place să verse. Mirosul hranei uscate este, de asemenea, mult mai discret. Cu toate acestea, pentru ca mâncarea să fie mai gustoasă pentru câine, unii producători se bazează pe adăugarea de potențiatori de aromă. După cum ați putut observa, avantajele hranei umede se referă mai mult la proprietarul câinelui decât la câine.

Dezavantajele, pe de altă parte, sunt mai degrabă în detrimentul câinelui. Din cauza conținutului foarte scăzut de umiditate, trebuie neapărat să vă asigurați că câinele dumneavoastră consumă suficientă apă, altfel există riscul de deshidratare. Acest lucru este foarte important, deoarece altfel există riscul de a dezvolta pietre la vezică sau probleme renale. În plus, hrana uscată este mai greu de digerat și poate provoca chiar alergii. Termenul de valabilitate lung nu se datorează doar conținutului scăzut de umiditate, ci și conținutului ridicat de conservanți. Conservanții nu sunt deosebit de sănătoși pentru oameni sau câini și ar trebui evitați pe cât posibil atunci când îi hrăniți. O altă problemă este că hrana uscată conține adesea prea puțină carne și mai degrabă sunt folosite cereale ca umplutură.

## Avantaje hrană uscată

✓ Cantitatea odată stabilită şi considerată bună va rămâne constantă atâta timp cât vă menţineţi rutina câinelui, cum ar fi intensitatea exerciţiilor fizice.

✓ Nu este complicat: Cumpăraţi, hrăniţi, gata. Adăugarea de vitamine şi alte suplimente alimentare nu este, de obicei, necesară.

✓ Transportul şi depozitarea sunt foarte uşoare, chiar şi în vacanţă.

✓ Puteţi, de asemenea, să daţi raţia de hrană în timpul deplasării sau în timpul sportului, când câinele trebuie să îşi antreneze hrana.

✓ Are un termen de valabilitate lung.

✓ Câinii cu stomacul sensibil sunt protejaţi de porţiile mai mici, dar bogate în nutrienţi.

## Dezavantaje hrană uscată

✗ Compoziţia cărnii şi a substanţelor de umplutură, cum ar fi cerealele, este diferită pentru fiecare varietate.

✗ Compoziţia nu poate fi verificată în sine.

✗ Este dificil pentru dumneavoastră să reacţionaţi la starea de sănătate individuală a câinelui dumneavoastră, de exemplu, dacă are diaree.

✗ Multe varietăţi nu numai că sunt pline de cereale, dar conţin şi zahăr, arome artificiale şi potenţiatori de aromă.

✗ Necesarul de lichide este mai mare, astfel încât câinii care beau puţin trebuie să fie încurajaţi să facă acest lucru.

Hrana uscată se poate umfla în stomac şi, prin urmare, în condiţii nefavorabile, poate duce la gastrită, la care toţi câinii mari au o tendinţă mai mare decât cei mici.

### Avantajele şi dezavantajele hranei umede:

Avantajele hranei umede pot fi derivate parţial din punctele menţionate mai sus despre hrana uscată. După cum sugerează şi numele, hrana umedă are un conţinut semnificativ mai mare de umiditate şi, prin urmare, are un efect pozitiv asupra echilibrului de lichide al câinelui. Hrana umedă miroase mult mai atrăgător pentru câini şi, de obicei, are un gust mai bun pentru ei. De asemenea, este mai uşor de digerat. Hrana uscată poate fi destul de dificil de mestecat pentru câinii mai în vârstă, în timp ce hrana umedă este mai uşor de mâncat. Câinii care sunt puţin pofticioşi preferă mâncarea umedă, deoarece poate fi consumată în cantităţi mai mari şi, prin urmare, umple stomacul mai mult decât mâncarea uscată. În plus, compoziţia hranei umede este, în majoritatea cazurilor, mai adecvată speciei, deoarece conţinutul de carne este mai mare.

Dezavantajele sunt, de asemenea, susceptibile de a rezulta din secţiunile anterioare. Deoarece sunt necesare cantităţi mai mari de furaje umede pentru a satisface aceleaşi cerinţe energetice, este nevoie de un spaţiu de depozitare semnificativ mai mare, pe de o parte, şi de mai multe deşeuri de ambalaje, pe de altă parte. De asemenea, are un termen de valabilitate mai scurt şi trebuie să fie consumat din timp. Hrana umedă este, de obicei, mai scumpă decât cea uscată.

Acum, că sunteţi informat cu privire la avantajele şi dezavantajele celor două tipuri de alimente, puteţi să vă extindeţi cunoştinţele prin analizarea proceselor utilizate pentru producerea lor. Poate că acest lucru vă va ajuta să vă decideţi ce hrană veţi alege în cele din urmă pentru câinele dumneavoastră.

## Avantaje hrană umedă

- ✓ Are un gust bun pentru aproape toţi câinii.
- ✓ Hrana umedă este aproape întotdeauna cea mai ieftină opţiune.
- ✓ Este uşor de cumpărat şi uşor de depozitat.
- ✓ Hrana umedă are un termen de valabilitate de o jumătate de veac.
- ✓ Conţinutul de umiditate este ridicat.
- ✓ Câinii cu dinţi sensibili pot mesteca bine hrana umedă.
- ✓ Poate fi folosit ca hrană completă, adică nu trebuie să adăugaţi nimic altceva, cum ar fi vitamine, oligoelemente etc.

## Dezavantaje hrană umedă

- ✗ Compoziţia nu poate fi controlată.
- ✗ În hrana umedă se găsesc din ce în ce mai mulţi potenţiatori de aromă şi arome artificiale.
- ✗ Conţinutul de carne variază în funcţie de soi.
- ✗ Mulţi câini refuză alte tipuri de hrană odată ce s-au obişnuit cu un singur tip.

× Dacă câinele dumneavoastră este alergic, de exemplu, compoziția hranei nu poate fi ajustată individual.

**Producția de furaje uscate:**

Majoritatea producătorilor de hrană uscată încălzesc mai întâi ingredientele individuale. Acest lucru le face mai durabile și mai ușor de procesat. Producătorii de hrană uscată de înaltă calitate folosesc, de asemenea, procese de presare la rece. Avantajul acestui procedeu este că se pierd mai puține substanțe nutritive prin încălzire.

Ingredientele sunt amestecate într-un proces ulterior, iar lichidul, dacă nu este deja făcut, este extras. Astfel se creează o masă făinoasă, care în etapa următoare este presată în bucățile de hrană pe care le puneți în castron la sfârșit. În timpul presării, făina furajeră este încălzită din nou pentru a se asigura că își păstrează forma.

În aceste procese, majoritatea ingredientelor își pierd aroma și gustul. Pentru a se asigura că, în final, câinele mănâncă mâncarea, se obișnuiește să se adauge arome la bucățile de mâncare finite. Vitaminele și mineralele pierdute sunt, de asemenea, adăugate ulterior la exteriorul bucăților, astfel încât informațiile din tabelele nutriționale ale pachetului finit să fie atrăgătoare. Cu toate acestea, este discutabil cât de bine pot fi metabolizați acești nutrienți de către câine.

**Producția de furaje umede:**

Producția de alimente umede implică mai puține etape. Ingredientele individuale sunt, de obicei, pre-gătite, dar cu mult mai puțină căldură decât în cazul hranei uscate. În cazul în care hrana umedă conține părți individuale mari, acestea sunt mărunțite, astfel încât rezultatul final să fie o masă de hrană care poate fi ușor de porționat. La această masă de hrană se adaugă de obicei și alți aditivi sub formă de agenți de gelificare, vitamine și minerale. După ce hrana pentru animale a fost umplută în ambalajul finit, de exemplu cutii sau tăvițe, aceasta este încălzită din nou pentru ca hrana să dureze mai mult.

# Carne, pește sau vegan?

Aceasta este o întrebare pe care și-o pun mulți proprietari de câini, dar nu există un răspuns corect. Câinii sunt atât carnivori, cât și omnivori - sunt atât carnivori, cât și omnivori. Teoretic, este, prin urmare, posibil să hrăniți un câine cu o dietă fără carne. Cu toate acestea, o dietă pur vegetariană este foarte complexă şi ar trebui să se facă doar în urma consultării cu un medic veterinar. Pentru aceasta, aveţi nevoie de un plan alimentar strict care trebuie urmat în mod constant. Adevărul este că câinilor le place să mănânce carne. De asemenea, celor mai mulţi câini le place peştele, care este, de asemenea, o sursă foarte bună de proteine.

Cu siguranţă ştiţi că un câine este carnivor. Între timp, însă, datorită evoluţiei şi domesticirii, a devenit omnivor. Îl puteţi hrăni chiar şi pe prietenul dumneavoastră cu patru picioare cu o dietă vegană sau vegetariană. Aminoacizii care sunt importanţi pentru organismul câinelui sunt obţinuţi din partea de carne a hranei. Totuşi, aceşti aminoacizi pot proveni şi din alimentele vegane sau vegetariene. Important este ca mâncarea să conţină toate vitaminele, mineralele şi alţi nutrienţi de care câinele dumneavoastră are nevoie pentru a avea o viaţă sănătoasă. De unde provin acestea în cele din urmă este complet irelevant.

În magazine sunt disponibile meniuri gata pregătite pentru vegetarieni sau vegani. Cu toate acestea, conform unor teste, acestea nu sunt neapărat recomandabile. Apropo, acest lucru este valabil şi pentru meniurile gata făcute pentru barfe. Cu toate acestea, aveţi posibilitatea să compuneţi şi să pregătiţi singuri mesele pentru câinele dumneavoastră. Cu toate acestea, vă rugăm să vă consultaţi în prealabil cu medicul veterinar sau cu un nutriţionist pentru câini şi să le cereţi să elaboreze un plan de hrănire adaptat la nevoile individuale ale câinelui dumneavoastră. Dacă nu ştiţi cu exactitate câte ingrediente conţine fiecare hrană, pot apărea rapid simptome de carenţă.


**Posibilitatea de BARFing**

Acum există diferite moduri de hrănire. În timp ce unii insistă pe deplin pe alimentaţia cu hrană uscată, alţii adoră BARFing. Nu aţi auzit încă de ea? Atunci merită să aflaţi acum despre ea.

Decideţi dacă ar putea fi ceva pentru dumneavoastră şi pentru câinele dumneavoastră. Pentru ca acest lucru să fie mai bine iluminat, avantajele şi dezavantajele vă vor ajuta cu siguranţă.

Dar ce este BARFing oricum? Descrie hrănirea crudă a câinelui, care este organică şi adaptată la specie. Termenul provine din limba engleză şi înseamnă "bones and raw food" (oase şi hrană crudă). Baza pentru BARFing este comportamentul alimentar al lupilor. Carnea crudă, dar şi peştele, oasele şi organele comestibile sunt în meniu.

Nu numai că ar trebui să fie hrănit suficient. La fel de valoroase sunt legumele, fructele, diverse uleiuri și, de asemenea, cerealele.

Este important să spunem în acest moment că mulți oameni cred că BARFing se concentrează doar pe carnea crudă. Cu toate acestea, nu este cazul, ci mai degrabă este vorba despre hrana crudă în ansamblu.

Dar care sunt avantajele și dezavantajele?

*Avantaje:*

- ✓ Starea dentară a câinelui dumneavoastră se va îmbunătăți
- ✓ Mirosul fizic scade, ceea ce va mulțumi cu siguranță mulți proprietari de câini.
- ✓ Blana prietenului cu patru picioare strălucește frumos într-un mod natural.
- ✓ Starea crește, ceea ce înseamnă că câinele dvs. va avea mai multă energie și va dezvolta și mai multă putere.
- ✓ Câinii care sunt afectați de alergii vor avea mai puține probleme cu această dietă. Adesea, aceste substanțe intolerabile sunt cauzate doar de conservarea și prelucrarea ulterioară.
- ✓ Aditivii nocivi, potențiatorii de aromă și coloranții nu se vor mai găsi aici.
- ✓ Bolile de orice fel apar mult mai rar la animalele hrănite prin BARFing. De asemenea, poate contribui la ameliorarea unor afecțiuni pentru care altfel nu ați fi găsit o soluție.
- ✓ Mâncarea este proaspătă.
- ✓ Celor mai mulți câini le place carnea proaspătă.
- ✓ Aveți control deplin asupra a ceea ce mănâncă câinele dumneavoastră și puteți ajusta individual, de exemplu în caz de sarcină și multe boli.
- ✓ Barfers nu utilizează materiale de umplutură, conservanți sau arome artificiale.
- ✓ Programul de hrănire este mult mai variat.

Cu toate acestea, să ne uităm și la dezavantajele din acest moment. Vă rugăm să țineți cont de faptul că există încă foarte puține dovezi științifice atât pentru avantaje, cât și pentru dezavantaje.

*Dezavantaje:*

- ✗ Malnutriția se află adesea în fruntea listei de critici, ceea ce ar trebui, de asemenea, să fie luat foarte în serios.
- ✗ Se strecoară rapid unilateralitatea. Rațiile sunt stabilite și alcătuite de către dumneavoastră. Din păcate, nimeni nu vă poate spune dacă toate acestea sunt corecte. Din păcate, nu există tabele ca cele de pe mâncarea gata preparată. Echilibrul ar trebui să fie întotdeauna ținut în minte.
- ✗ Pot apărea carențe de vitamine, minerale sau chiar oligoelemente care nu sunt vizibile la prima vedere. Este nevoie de o ajustare constantă, care nu este atât de ușor de făcut ca profan.
- ✗ BARFing necesită consultarea unui medic veterinar, lucru pe care foarte puțini proprietari îl fac de fapt. Este un efort suplimentar care nu poate fi respins din start.
- ✗ Microorganismele se pot înmulți, ceea ce este destul de normal în carnea crudă. Bacteriile pot fi oprite complet doar prin gătire, dar nu este cazul cu BARF.
- ✗ Probabilitatea apariției unor focare de boală este destul de mare (se poate asigura reducerea la minimum prin congelare).
- ✗ Barfingul necesită informații și cunoștințe pe care trebuie să le dobândești. Să citești sau să mergi la magazinul de barfing ales de tine este o necesitate!
- ✗ Această metodă de hrănire necesită mult timp, deoarece trebuie să radeți sau să gătiți legume proaspete și să pregătiți fiecare masă.
- ✗ Costul este mai mare decât cel al hranei medii uscate sau umede, chiar semnificativ dacă cumpărați hrană gata preparată ieftină.
- ✗ Dacă sunt depozitate incorect, orice germeni care ar putea fi prezenți se pot răspândi.

## BARF pentru câini cu stomacuri sensibile

În cazul câinilor deosebit de sensibili, este întotdeauna indicat să se alcătuiască dieta împreună cu un veterinar. Alimentele BARF pot fi date mai întâi gătite. Apoi nu mai sunt crude, ci mai ușor de digerat și mai digerabile.

## BARF pentru câini mai în vârstă

La câinii mai în vârstă, organismul poate avea nevoie de mai mult timp pentru a se obișnui cu dieta BARF. De asemenea, este posibil ca alimentele care sunt deosebit de greu de digerat, cum ar fi oasele, să nu fie digerate la fel de bine. Sprijiniți-vă câinele hrănindu-l cu oase tocate. Oasele de piept, oasele de miel sau gâturile de pui tocate fin sunt potrivite pentru a vă asigura că câinele dumneavoastră primește suficient calciu.

## Dieta vegană

Acest subiect este întotdeauna controversat. Pentru a fi completă, includem și această metodă de hrănire. Vă rugăm să discutați astfel de subiecte și cu medicul veterinar. Poate părea ciudat: câinii nu sunt carnivori complet, chiar dacă ne place să credem acest lucru. Ei pot obține substanțe nutritive din materii animale, dar și din materii vegetale. Doar carnea nu ar fi bună pentru prietenii noștri cu patru picioare.

Acest lucru înseamnă că o dietă vegană este cu siguranță posibilă, dar trebuie să se acorde, de asemenea, atenție la suficiente substanțe, cum ar fi grăsimile, proteinele, carbohidrații, vitaminele și mineralele. Simptomele de carență nu trebuie să fie rezultatul în niciun caz.

Proteinele sunt importante și indispensabile pentru metabolism. Dacă există o deficiență aici, acesta procedează, de asemenea, doar leneș.

Hrana pentru câine care este cu adevărat vegană nu conține absolut niciun aditiv de la animale. Acest lucru înseamnă că nu veți găsi niciun aditiv de origine animală, carne, pește, ouă sau altele asemenea pe lista de ingrediente. Mai degrabă, aditivi precum fructe și legume, dar și cartofi și orez sunt evidente aici. Nu trebuie însă uitate vitaminele și mineralele, așa cum am descris deja pe scurt. În orice caz, și acestea ar trebui să figureze pe lista de ingrediente, pentru a avea cu adevărat o hrană bună pentru câinele dumneavoastră.

Dacă nu vreți să treceți complet la veganism, puteți să-i dați câinelui dvs. cașcaval. Aceasta este permisă și favorizează, de asemenea, absorbția proteinelor, ceea ce este mai mult decât important. Cu o dietă pur vegană nu este întotdeauna atât de ușor să furnizezi totul în cantități suficiente.

Odată ce deficiența este prezentă, este nevoie de timp și de multă energie pentru a o compensa. Acest lucru este cu siguranță orice, dar nu este deloc bun și sănătos pentru câinele dumneavoastră. Vă rugăm să fiți foarte atenți la acest aspect!

Departe de ingrediente și compania: De ce ar trebui să vă hrăniți câinele cu o dietă vegană? Dacă vă puneți această întrebare, cu siguranță nu sunteți singuri. Există cu siguranță motive care vorbesc în favoarea ei. Există, de asemenea, câini care nu pot fi hrăniți în alt mod, deoarece au afecțiuni preexistente care fac pur și simplu necesară această formă de alimentație. Așadar, o dietă vegană pentru un câine este destul de conceptibilă și fezabilă. Există unii prieteni cu patru picioare care sunt alergici la carne și pentru care, prin urmare, dieta trebuie adaptată. Cu toate acestea, este posibil să fiți și dumneavoastră vegan și să doriți să vă hrăniți câinele în același mod. În principiu, nu contează din ce aliment provin nutrienții necesari, este important doar ca aceștia să fie furnizați în compoziția și în cantitatea potrivite, astfel încât să nu apară simptome de carență. Consultați medicul veterinar sau un nutriționist pentru câini pentru informații, astfel încât să se poată întocmi un plan de hrănire adecvat. Apropo, bolurile grele din ceramică sunt fără gust și nu emană toxine dacă smalțul este sigur pentru alimente. Oțelul inoxidabil este prea ușor și poate degaja arome și chiar metale grele, în funcție de compoziție. Plasticul eliberează, de obicei, agenți de înmuiere și este dificil de curățat.

*Bolurile noastre sunt extra ceramice. ®rgladel*

## 1. alergie la hrana pentru câini

Există proprietari care au încercat totul. Au fost încercate toate alimentele pentru câini care pot fi cumpărate de oriunde. La început totul a mers bine, dar apoi au reapărut plângerile familiare. Alergia a început din nou și starea câinelui s-a înrăutățit.

Schimbarea a fost făcută cu ezitare, dar a ajutat: totul este mai bine acum cu dieta vegană. Există cu siguranță câini care se descurcă mai bine cu o astfel de hrană. Acesta este un plus absolut pentru dieta vegană, iar proprietarii de câini nu mai vor să se lipsească de ea în acest moment.

## 2. motive etice

Dar nu întotdeauna alergiile prietenilor cu patru picioare sunt cele care fac ca această alimentație să fie importantă. Chiar dacă doriți să opriți în masă creșterea animalelor agricole, alimentația vegană poate fi o opțiune. În acest fel vă susțineți opinia și puteți face ceva pentru gândirea dumneavoastră. În acest fel, sprijiniți bunăstarea animalelor pe termen lung.

În acest moment, însă, ar trebui spus și acest lucru: Dacă acesta este motivul, amintiți-vă întotdeauna de alineatul 2 din Legea privind bunăstarea animalelor. Acesta prevede că un câine ar trebui să fie hrănit în funcție de nevoile sale, ceea ce înseamnă, de obicei, carne. Așadar, dacă există doar motive etice, ar trebui să vă gândiți din nou cu atenție dacă este o soluție permanentă sau dacă nu există încă alternative. Să aruncăm o privire asupra avantajelor și dezavantajelor și aici.

*Avantaje:*

✓ Alimentele de natură vegană sunt foarte ușor de digerat de către sarcina dumneavoastră. Așadar, dacă aveți un câine care se luptă mult cu digestia, aceasta poate fi o alternativă. Dar acest lucru va fi stabilit de către medicul veterinar. Afecțiunile stomacale care apar pentru o perioadă scurtă de timp nu sunt cu siguranță încă un motiv dacă acestea dispar curând. Dacă nu este cazul, o discuție poate ajuta să se schimbe ceva în ceea ce privește alimentația.

✓ După cum s-a menționat deja, s-a demonstrat că acei câini care sunt hrăniți cu o dietă vegană au mai puține alergii. Acestea sunt reduse la minimum sau nu apar deloc. Cu toate acestea, în acest moment este, de asemenea, important să se dovedească faptul că alergiile sunt într-adevăr legate de hrană. Există câini care oricum sunt predispuşi la astfel de probleme, dar cauza nu se găseşte în alimentaţie. În acest caz, o dietă vegană nu ajută neapărat prea mult. Alergiile sunt, din păcate, foarte frecvente la această rasă de câini. Un indiciu pentru dietă ar putea fi faptul că câinele dumneavoastră tolerează cu greu orice fel de carne, indiferent de cea pe care o încercaţi. Din nou şi din nou, el reacţionează negativ şi există semne care nu vă plac deloc.

✓ Reducerea greutăţii poate fi cu siguranţă o consecinţă. Chiar dacă pare mult: este dovedit că fiecare al doilea câine din Germania cântăreşte prea mult. Desigur, aceasta include chiar şi o uşoară supraponderabilitate. Cu toate acestea, boli precum diabetul se pot dezvolta şi ele ca urmare. Dacă câinele dvs. are prea multă grăsime pe coaste, o dietă vegană ar putea fi o alternativă pentru a combate pierderea în greutate. Chiar şi o schimbare pe termen scurt poate aduce succes.

✓ Cercetările au arătat că o dietă fără carne poate reduce inflamaţiile din organism. Desigur, majoritatea acestor studii au fost făcute pe oameni. Aşa că nu este pe deplin clar dacă are acelaşi efect şi asupra câinilor. Cu toate acestea, dacă câinele dumneavoastră are o astfel de afecţiune şi simptome, este cu siguranţă o opţiune de încercat. Este mai bine decât să recurgi permanent la medicamente.

✓ Chiar dacă a fost deja menţionat pe scurt, acesta ar trebui să fie oricum enumerat printre beneficii. Dacă vă place să militaţi deseori pentru bunăstarea animalelor şi nu vă place deloc ferma industrială, puteţi aduce o contribuţie importantă în acest fel. Cu toate acestea, sănătatea animalului ar trebui să fie întotdeauna importantă, dar dacă vă angajaţi mereu în acest sens, cu siguranţă veţi avea acest lucru în vedere şi veţi şti exact ce este bine pentru prietenul dumneavoastră cu patru picioare.

Acum să aruncăm o privire şi asupra *dezavantajelor, care nu trebuie* ignorate în ciuda tuturor gândurilor bune şi a aspectelor legate de sănătate.

✘ Devine problematic dacă câinele dumneavoastră ştie deja să mănânce carne. O schimbare la mijlocul vieţii nu este doar dificilă, ci și greu de gestionat pe termen lung. Dacă câinelui dvs. i-a plăcut să fie carnivor, va fi greu să îl obișnuiți cu opusul lin. Poate că aveți intenții bune, dar nu toți câinii înțeleg în același mod. Așa că este nevoie de multă răbdare și doar timpul va spune dacă va reuși. Nu va exista o schimbare de la o zi la alta într-un astfel de caz.

* Nu este ușor să asigurăm o compoziție corectă a alimentelor. Acest lucru este făcut doar de dumneavoastră și necesită multă experiență și expertiză. Mai ales la începutul noii diete, acest lucru nu este un dat și este nevoie de practică. Este important să asigurați o dietă echilibrată în fiecare zi. Acest lucru este cu greu posibil fără ajutorul și sfatul unui expert. Vă rugăm să nu vă bazați doar pe tabele și cuvinte bune de pe internet. De asemenea, s-ar putea să nu aibă sens să vă schimbați complet imediat. Deviza aici este pas cu pas, dar acest lucru necesită multă organizare. Nu fiecare proprietar are răbdarea sau timpul necesar.

* Câinii în creștere au nevoie în special de mulți nutrienți importanți. Doar așa pot crește fără deficiențe și fără să le lipsească nimic. Echilibrul dietei este deosebit de important aici și poate avea consecințe grave pentru viitor și creștere dacă nutrienții lipsesc permanent aici. Aici, nu treceți niciodată la o dietă pur vegetală, ci oferiți întotdeauna o dietă mixtă. Orice altceva nu este echilibrat în ceea ce privește dezvoltarea și creșterea unui câine tânăr sau se manifestă adesea mai târziu cu un curs negativ.

* Există încă o lipsă de dovezi suficiente că dieta vegană este cu adevărat "bună". Testele și cercetările științifice sunt efectuate din nou și din nou și în mod constant, dar acestea sunt încă departe de a fi suficiente pentru a forma o imagine concludentă. Această dietă este, prin urmare, pe propria răspundere și trebuie analizată cu atenție.

Decizia dumneavoastră a fost luată! Doriți să încercați dieta vegană. Motivele nu contează deocamdată. Ați făcut alegerea și sunteți gata să porniți. Atunci, următoarele sfaturi vă pot ajuta cu siguranță și vă pot arăta la ce ar trebui să acordați o atenție deosebită.

## Sfat 1: Consultarea cu medicul veterinar

Din punct de vedere medical, nimeni nu vă cunoaşte câinele mai bine decât medicul veterinar, în mod ideal de când era mic. El ştie dacă prietenul dumneavoastră cu patru picioare are vreo alergie demnă de menţionat care ar putea susţine şi o astfel de dietă. Dar nu numai atât: greutatea şi alte comportamente, precum şi bolile anterioare joacă, de asemenea, un rol şi pot fi evaluate mai bine de către medic decât de către proprietarul câinelui.

Aici este important să căutaţi cu adevărat conversaţia. Dacă vă deranjează de ceva timp, vizita anuală la veterinar este un moment bun pentru a face acest lucru. S-ar putea să nu fie necesar să faceţi o programare între timp, cu excepţia cazului în care, bineînţeles, câinele dumneavoastră are probleme de sănătate pe care doriţi să le ţineţi din nou sub control în acest fel.

## Sfat 2: Alimentaţia completă

Pentru o dietă bună şi vegană, o hrană completă este cea mai bună. Nu ceva nou în fiecare zi, ci întotdeauna doar asta. Aceasta conţine toţi nutrienţii de care câinele dvs. are nevoie şi care sunt, de asemenea, prescrise în UE.

Este important ca toţi nutrienţii de care câinele dumneavoastră are nevoie să fie enumeraţi pe această hrană. Dacă apoi rămâneţi mereu cu aceeaşi hrană completă, faceţi totul corect şi puteţi fi în siguranţă în această privinţă.

## Sfat 3: Schimbare lentă

După cum am menţionat deja, este important să faceţi schimbarea cât mai încet posibil, nu peste noapte şi cu siguranţă nu sub presiune. Este nevoie de timp! Poate fi deosebit de greu dacă câinele dumneavoastră era deja carnivor. El va fi curios, dar timpul va spune dacă îi place.

Cel mai bine este să adăugaţi mai întâi cantităţi mici la dieta vegană şi să renunţaţi la o parte din carne. Este posibil să nici nu observe. Dar există şi câini foarte atenţi care observă imediat această schimbare şi o arată. Veţi afla în curând care este reacţia.

Dacă vă merge bine, puteţi face un pas mai departe şi să eliminaţi şi mai multă carne pentru a o înlocui cu dieta vegană. În cazul în care câinele dvs. îşi atinge limitele, rămâneţi deocamdată cu cantitatea actuală sau faceţi un pas înapoi până când va fi din nou mulţumit de dietă.

Ţineţi cont întotdeauna de faptul că schimbarea nu trebuie făcută cu orice preţ. Sănătatea animalului este mai importantă, iar câinele dumneavoastră are nevoie în orice caz de o cantitate suficientă de nutrienți și minerale.

Un mic indiciu: Doar pentru că câinele dvs. nu a vrut să meargă mai departe la un moment dat, nu înseamnă că nu vor mai exista evoluții pozitive în timp. Așteptați doar puțin.

## Sfat 4: Primele două luni

Nu veți observa imediat dacă câinele dumneavoastră tolerează cu adevărat bine noua dietă. Ca și schimbarea în sine, este nevoie de timp.

În acest caz, se aplică un interval de timp de două luni. Fiți foarte atenți la cantitatea de fecale și la modul în care se schimbă consistența acestora. Este posibil ca acest lucru să nu fie întotdeauna plăcut, dar este foarte important pentru sănătatea câinelui. Blana poate spune, de asemenea, multe. Dacă este în continuare frumoasă, totul este în regulă, dar dacă observați schimbări aici, s-ar putea să se datoreze schimbării.

Dacă doriți, puteți ține aici un jurnal cu o înregistrare zilnică. În acest fel, veți observa deosebit de repede dacă apar schimbări și veți putea acționa în consecință.

## Sfat 5: Verificarea

Observația și atenția sunt bune, dar nu sunt neapărat suficiente de una singură. Prin urmare, este foarte recomandabil să consultați un medic veterinar după o anumită perioadă de timp pentru a determina dacă există sau nu schimbări.

Aici este necesar un control. De asemenea, medicul veterinar îi va lua sânge, dacă este necesar, și poate detecta rapid deficiențele nutritive, dacă acestea sunt prezente.

Poate părea superfluă la prima vedere, mai ales dacă câinele dumneavoastră se simte bine. Dar de multe ori există schimbări pe care nu le vedem.

Dacă totul este în ordine, sunteți în siguranță și puteți merge mai departe. Pe parcurs, puteți obține în continuare câteva sfaturi de specialitate.

Veți afla acum mai multe sfaturi utile despre alimentația cățelușilor: Până la următoarea schimbare de hrană, veți fi oferit hrana pentru cățeluși pe care micuțul a primit-o deja de la crescătorul său. La un moment dat, însă, va fi momentul să o schimbați, deoarece ingredientele nu mai sunt adecvate. O schimbare nu trebuie să se întâmple brusc, ci treptat. În caz contrar, pot apărea prea repede probleme digestive. Amestecați întotdeauna o porție mică din noua hrană cu cea anterioară. În timp, creşteţi porţia până când aceasta a fost complet înlocuită.

Acum se pune întrebarea ce alimente aţi dori să oferiţi în viitor. Aici aveţi mai multe opţiuni. Pe de o parte, există multe alimente uscate disponibile pe piaţă, iar pe de altă parte, există la fel de multe alimente umede. În principiu, nu contează pe care o alegeţi, deoarece ambele tipuri oferă o dietă echilibrată pentru prietenul dumneavoastră cu patru picioare. Aflaţi care sunt preferinţele câinelui dumneavoastră pentru a lua o decizie.

Dar acum există şi alte posibilităţi de a hrăni un câine. Puteţi afla dacă acestea ar fi alternative pentru dumneavoastră şi pentru Bulldogul dumneavoastră francez în rândurile următoare.

## BARFING, VEGETARIAN SAU VEGAN

Mulţi stăpâni de câini jură pe această dietă presupusă a fi adecvată speciei. De asemenea, probabil că se apropie foarte mult de modul de viaţă original al câinelui. Vă amintiţi? Câinele descinde din lup, iar lupul mănâncă prada cu piele, păr şi tot ce conţine.

**BARFing** este, prin urmare, o hrănire crudă cu carne şi organe comestibile. De asemenea, se adaugă oase, fructe şi legume, nuci şi anumite suplimente alimentare. Cu toate acestea, unele legume trebuie să fie date în stare gătită.

La început, toate acestea sună foarte adecvat speciilor. Dar chiar aşa este? Adevărul este că acest tip de dietă implică şi unele riscuri şi, în plus, necesită mult timp şi cunoştinţe din partea proprietarului câinelui.

Trebuie să obţineţi în prealabil cunoştinţe extinse despre dieta unui câine. Trebuie pregătit un plan de hrănire care să corespundă nevoilor şi trebuie să cântăriţi exact ingredientele fiecărei mese. Doar aşa se poate asigura un aport suficient de nutrienţi şi minerale, precum şi de vitamine importante. O vizită la medicul veterinar şi la un nutriţionist pentru câini este, prin urmare, indispensabilă.

Cel mai mare pericol este malnutriţia. Nu este neobişnuit ca problemele digestive să apară din cauza faptului că câinele este hrănit cu alimente greu de digerat. Se poate ajunge chiar la afectarea organelor dacă, de exemplu, există un exces de proteine.

Cu toate acestea, administrarea de oase crude, care se întâmplă şi este importantă datorită calciului pe care îl conţin, poate provoca constipaţie din cauza aşa-numitelor fecale de oase. Prin urmare, nu trebuie depăşită limita maximă de 10 grame de os pe kilogram de greutate corporală a câinelui. În plus, nu orice os este potrivit pentru hrănire. Riscul este prea mare ca bucăţile sparte să se blocheze în dinţi sau chiar să provoace leziuni la nivelul gâtului sau al intestinelor. Dacă este nevoie doar de calciu, se poate folosi făină de oase, coji de ouă sau var de alge.

Planul de hrănire trebuie să conţină o administrare corectă a tuturor vitaminelor, nutrienţilor şi oligoelementelor necesare. Din nefericire, acest lucru nu este foarte des acordat, iar câinii afectaţi suferă de malnutriţie. Un studiu a demonstrat în mod clar acest lucru. Acest tip de dietă este, prin urmare, asociat cu un risc foarte ridicat pentru sănătate.

De altfel, căţeii nu ar trebui să fie hrăniţi cu vomă. În cazul câinilor adulţi, este destul de dificil să se asigure aportul de nutrienţi. În cazul animalelor tinere care sunt în creştere, este aproape imposibil, deoarece cerinţele lor nutriţionale se schimbă în mod constant.

Următorul mare risc este ascuns în spatele unei igiene corespunzătoare. Aceasta trebuie respectată cu atenţie pentru ca germenii şi bacteriile să nu se răspândească. De asemenea, este posibil ca paraziţii să se transmită prin carnea crudă. Acest lucru nu afectează doar prietenul cu patru picioare, şi tu, ca om, poţi fi infectat.

Dacă vă gândiţi să cumpăraţi meniuri gata preparate şi carne congelată pregătită, nici aici nu sunteţi protejaţi de germeni. Acestea conţin adesea mai multe bacterii decât alimentele pe care le preparaţi voi înşivă în stare proaspătă.

Pentru depozitare, veţi avea nevoie de mult spaţiu şi de un frigider şi un congelator special achiziţionate, astfel încât mâncarea pentru câini să nu fie depozitată împreună cu a dumneavoastră. De asemenea, ar trebui să aveţi cuţite şi scânduri de tăiat pe care nu le folosiţi în bucătăria umană.

Acum există şi manipularea cărnii crude. Nu este pe placul tuturor să manipuleze organele proaspete. Sunteţi pregătiţi pentru asta? Ar putea exista şi mirosuri neplăcute pentru tine. Un rumen proaspăt este orice, dar nu este deloc apetisant.

Mai presus de toate, ar trebui să ştiţi foarte bine ce poate şi ce nu poate mânca câinele dumneavoastră. Există atât de multe alimente nepotrivite la care poate nici nu vă gândiţi. De exemplu, unele tipuri de peşte pot fi hrănite doar gătite. În plus, trebuie să gătiţi şi carnea de porc, legumele, albuşurile de ou, cartofii şi vinetele înainte de a le mânca. De aceea, este atât de important să fiţi foarte specific în această privință. În caz contrar, îi veți face prietenului dumneavoastră cu patru picioare mai mult rău decât bine.

Acum aveți în continuare opțiunea de a vă hrăni câinele cu o dietă **vegetariană.** Poate că nici dumneavoastră nu mâncați carne și, prin urmare, nu doriți neapărat să oferiți acest lucru prietenului dumneavoastră cu patru picioare din convingere. Dar este posibil acest lucru? Câinii sunt cunoscuți ca fiind carnivori.

Răspunsul este: Da! Cu toate acestea, și în acest caz trebuie să fiți meticulos pentru ca prietenul dumneavoastră cu patru picioare să primească toți nutrienții și vitaminele necesare pentru a duce o viață sănătoasă. La fel ca în cazul BARF, trebuie să știți exact ce și cât de mult are voie să mănânce câinele dumneavoastră. Ingredientele trebuie să fie cântărite cu exactitate, astfel încât să nu apară simptome de carență. În orice caz, cereți sfatul medicului veterinar și consultați un nutriționist pentru câini dacă este necesar.

Ce zici de o dietă **vegană** pentru câine? Aceasta este o dietă bazată exclusiv pe plante, fără adaos de substanțe de origine animală. În cercurile de experți, acest tip de alimentație este mai mult decât controversat, dar este posibil. Și în acest caz, hrana pentru prietenul cu patru picioare trebuie să fie echilibrată și să conțină toți nutrienții, mineralele și vitaminele vitale. Prin urmare, o masă vegană este alcătuită din carbohidrați, proteine, diverse legume și uleiuri. În plus, substanțele nutritive care lipsesc trebuie adăugate cu suplimente alimentare. Uleiul este important, pentru ca câinele să poată absorbi enzimele din hrană.

Așadar, nu este ușor să-ți hrănești prietenul cu patru picioare cu o dietă vegană, pentru că și aici trebuie să cântărești ingredientele și să te asiguri că acestea conțin tot ce are nevoie pentru a trăi. Simptomele de carență pot deveni rapid evidente cu toate aceste diete. Aflați exact de la medicul veterinar și cereți sfaturi detaliate.

În interesul câinelui dumneavoastră, ar trebui să îl prezentați în mod regulat la veterinar. În acest fel, simptomele de deficiență datorate dietei pot fi detectate rapid.


## CE NU ESTE PERMIS ÎN BOL?

Multe alimente nu sunt doar nepotrivite pentru a ajunge în bolul câinelui dumneavoastră, ci sunt de-a dreptul otrăvitoare pentru el. Află acum ce nu ar trebui să îi dai niciodată să mănânce câinele tău.

## Usturoi şi ceapă

Aceste plante de ceapă conţin uleiuri esenţiale, care, la rândul lor, conţin substanţe sulfuroase. Aceste substanţe sulfuroase distrug globulele roşii ale câinelui. Ca urmare, apare anemia, care este adesea fatală.

Dacă prietenul tău cu patru picioare a mâncat ceapă sau usturoi, numărul de sânge se poate schimba în mod negativ. În plus, pot apărea icter, diaree şi vărsături. Poate exista sânge în urină. În stadiul avansat, câinele afectat refuză, de asemenea, să mănânce sau să bea apă.

## Roşii, vinete şi cartofi

Aceste alimente conţin solanină, care este toxică pentru câini. Această toxină se găseşte în special în părţile verzi. Trebuie să gătiţi cartofii şi vinetele înainte de a le oferi câinelui dumneavoastră. De asemenea, turnaţi apa de gătit, deoarece aici se adună toxinele. Roşiile foarte coapte, fără părţile verzi, pot fi oferite câinelui dumneavoastră crude, fără ezitare.

Ingestia de solanină poate provoca diaree şi vărsături. Membranele mucoase sunt iritate, iar funcţia creierului poate fi perturbată.

## Leguminoase

Dacă vreţi să îi daţi leguminoase câinelui dumneavoastră, trebuie să le şi gătiţi. Acest lucru este valabil şi dacă vreţi să mâncaţi legumele dumneavoastră. În stare crudă, mazărea, fasolea etc. conţin toxina fazină. Fazina interferează cu biosinteza proteinelor din intestinul subţire. Aceasta, la rândul ei, duce la aglomerarea globulelor roşii. Dacă această toxină este ingerată în cantităţi mai mari, această otrăvire se poate termina cu moartea.

Câinele afectat are febră, diaree şi vărsături. În evoluţia ulterioară, apar crampe abdominale, care pot fi însoţite de hemoragii gastrointestinale şi de umflarea ficatului.

## sâmburi de fructe

Fructele care conţin sâmburi pot fi date câinelui fără ezitare. Cu toate acestea, trebuie să îndepărtaţi pietrele, deoarece acestea pot fi periculoase. Pe de o parte, câinele dumneavoastră se poate sufoca considerabil cu ele şi, nu în ultimul rând, se poate sufoca cu ele. În plus, seminţele pot provoca leziuni şi blocaje, care nu sunt nici ele de neglijat. Cel mai mare pericol, însă, este reprezentat de cianura conţinută în seminţe. Aceasta se transformă în acid prusic în stomacul câinelui şi împiedică diviziunea celulară. În consecinţă, acestea mor, iar animalul afectat se sufocă din interior spre exterior.

În cazul consumului de sâmburi de fructe, pot apărea febră, vărsături şi diaree. În plus, pot apărea crampe şi dificultăţi de respiraţie. În acest caz este necesară o acţiune rapidă, deoarece este vorba de o intoxicaţie acută.

## Avocado

Avocado conţine seminţe care nu sunt comestibile pentru câini, dar nici pulpa avocado nu este potrivită pentru consumul prietenului dumneavoastră cu patru picioare. Aceste fructe pot conţine persină, care este toxică pentru câini. Există varietăţi de avocado care nu conţin această toxină, dar acestea se deosebesc cu greu de celelalte. Prin urmare, ar trebui să vă abţineţi să oferiţi acest fruct câinelui dumneavoastră. Persina poate provoca leziuni ale muşchiului cardiac şi poate fi fatală ca urmare.

Un câine otrăvit cu persină poate suferi de palpitaţii şi dificultăţi de respiraţie. În plus, pot apărea diaree şi vărsături. De asemenea, sunt posibile acumulări de lichide în cavitatea abdominală.

## Struguri şi sultane

Strugurii şi, prin urmare, sultaninele, conţin acid oxalic, o toxină. Aceasta poate provoca insuficienţă renală, care poate deveni rapid fatală, în special pentru rasele mici de câini.

După consumul de sultane sau struguri, pot apărea diaree şi vărsături. Câinele afectat pare apatic şi suferă de crampe la stomac.

## Cacao şi ciocolată

Cu cât conţinutul de cacao al unei ciocolate este mai mare, cu atât mai mult conţine teobromină. Aceasta se găseşte, de asemenea, în ceaiuri. Teobromina poate duce la insuficienţă cardiovasculară, care este adesea fatală.

În cazul unei astfel de otrăviri, devin evidente aritmiile cardiace, problemele de respiraţie şi convulsiile. Ca urmare a lipsei de oxigen, pot apărea tulburări de conştiinţă. Diareea şi vărsăturile însoţesc aceste simptome.

## Carne de porc crudă

Virusul Aujeszky poate fi găsit în carnea de porc crudă, inclusiv în carnea de mistreţ. Acesta este un virus herpetic care nu este periculos pentru oameni, dar care poate provoca o boală mortală la câini. În cazul în care un câine este infectat cu virusul Aujeszky, acesta provoacă o inflamație a creierului și a nervilor. O infecție se termină fatal pentru prietenul cu patru picioare. Prin urmare, trebuie să gătiți carnea de porc la cel puțin 60 °C pentru a ucide acest agent patogen.

În cazul unei infecții, prietenul dumneavoastră cu patru picioare nu va mânca aproape deloc la început. Ca urmare, apar crize de nebunie, o neliniște inexplicabilă și schimbări în temperamentul animalului. Câinele afectat ar putea suferi de convulsii și să facă spume la gură. Moartea survine după aproximativ două zile.

## Macadamia și nuci

Nucile, în general, au proprietatea de a avea un conținut foarte ridicat de grăsimi. Numai din acest motiv, nu ar trebui să le dați câinelui dumneavoastră. În cazul nucilor există, de asemenea, pericolul ca în ele să se găsească ciuperci. Acest lucru se întâmplă mai ales în cazul nucilor proaspete.

După consumul de nuci infestate cu aceste ciuperci, pot apărea convulsii și crize de epilepsie.

Nucile de macadamia conțin o cantitate mare de fosfor nesănătos. De asemenea, conține o toxină care nu a fost încă cercetată clinic și, prin urmare, este încă destul de necunoscută.

Cu toate acestea, simptomele provocate de această toxină sunt bine cunoscute. Pot exista tulburări considerabile la nivelul sistemului nervos, dar și la nivelul sistemului digestiv. În plus, au fost raportate simptome de paralizie, febră și crize de slăbiciune.

## Alcool

Consumul de alcool nu este neapărat sănătos pentru oameni. Pentru câini, însă, etanolul conținut în el poate fi foarte periculos, deoarece aceștia îl pot descompune doar încet și nu complet. Prin urmare, o cantitate mică de alcool este suficientă pentru a ucide un prieten cu patru picioare. Nici berea fără alcool nu este o soluție în acest caz, deoarece hameiul conținut în ea este, de asemenea, otrăvitor pentru câini. Prin urmare, nu oferiți niciodată prietenului dumneavoastră cu patru picioare băuturi alcoolice sau nealcoolice.

Dacă un astfel de lichid este consumat din greșeală, rezultatul poate fi vărsături imediate. În plus, pot urma dificultăți de respirație, dificultăți de coordonare și convulsii.

### Ouă crude

Ouăle se regăsesc adesea în planurile de hrană pentru câinii care au vomitat. Acestea sunt de fapt inofensive pentru animal, deoarece conțin mulți nutrienți valoroși. Problema constă mai degrabă în proteinele crude. Aceasta conține substanța avidină, care privează organismul câinelui de biotină. Acest lucru, la rândul său, provoacă o blană zbârcită și ternă. Dacă ouăle sunt deja mai vechi, poate apărea o infecție cu salmonella.

În acest caz, câinele suferă de diaree și vărsături. În plus, există febră și pierderea poftei de mâncare.

### Lapte

În bolul câinelui se pot găsi și diverse produse lactate atunci când acesta vomită, deoarece sunt prezente proteine și minerale, precum și o varietate de vitamine. Câinii nu suferă de intoleranță la lactoză, așa cum se întâmplă în cazul animalelor noastre de companie. Așadar, câinele dumneavoastră poate consuma fără ezitare o anumită cantitate de produse lactate. Cu toate acestea, conține proteine din lapte, grăsimi și lactoză, care sunt greu de digerat.

Dacă prietenul dumneavoastră cu patru picioare a consumat prea mult lapte sau produse lactate, pot apărea diaree, vărsături și flatulență. Constipația și crampele abdominale sunt, de asemenea, posibile.

După cum puteți vedea, există o mulțime de alimente care nu-și au absolut deloc locul în bolul câinelui dumneavoastră. De aceea, este foarte important să te informezi foarte bine în prealabil despre ce este sănătos pentru dragul tău și ce nu este.

# HRANĂ GATA PREPARATĂ: USCATĂ SAU UMEDĂ?

Acest tip de hrană este probabil și cel mai ușor. Nu contează dacă preferați hrana uscată sau umedă. Ambele tipuri conțin tot ce are nevoie Bulldogul dumneavoastră francez pentru o viață de câine sănătoasă. Lasă-l pe prietenul tău cu patru picioare să decidă dacă preferă mâncarea conservată sau cea uscată.

Ambele au avantaje și dezavantaje. Mâncarea uscată este mai ușor de depozitat și nu trebuie să cărați atâtea conserve acasă. De asemenea, bucățile de hrană uscată nu lasă o "mizerie" la fel de mare ca cea umedă. Aici puteți pur și simplu să măturați resturile de pe podea.

Hrana umedă, pe de altă parte, oferă un conținut mai mare de umiditate. Dacă aveți acasă un câine care are obiceiuri proaste de a bea, acest tip de hrană este cu siguranță mai bun, deoarece aici se absoarbe foarte multă umiditate. Acest lucru, la rândul său, este bun pentru rinichi. În plus, acest conținut mare de apă din hrana umedă este mai mult în concordanță cu dieta naturală (lupul) și, prin urmare, este deja bun pentru sănătatea prietenului dumneavoastră cu patru picioare. Cu toate acestea, resturile de hrană umedă rămase în castron se strică rapid, mai ales atunci când temperaturile exterioare sunt ridicate. Din nefericire, va trebui apoi să o aruncați destul de repede.

Dacă vă hrăniți câinele exclusiv cu hrană umedă, ar trebui să îi verificați dinții în mod regulat. Aici se acumulează rapid tartrul, deoarece lipsește abraziunea naturală. Alternativ, puteți să-i oferiți prietenului dvs. cu patru picioare și articole bune de mestecat.

Hrana uscată conține mai multă energie. Prin urmare, aceeași cantitate de hrană umedă ar conține mai puține calorii. Așadar, pentru câinii extrem de inactivi, bătrâni sau bolnavi, ar fi mai potrivită o hrană conservată bună.

De asemenea, câinii au caracteristica de a avea o senzație de satietate care se instalează foarte târziu. Astfel, ei ar mânca o cantitate foarte mare de hrană uscată până când cred că sunt sătui. În plus, majoritatea câinilor înghit masa foarte repede, ceea ce duce, de asemenea, la consumul unei cantități mult prea mari de hrană uscată. Cu toate acestea, această hrană uscată se umflă în stomac. Consecințele pot fi greață, vărsături și dureri abdominale. Așadar, trebuie să raționalizați bine mâncarea, indiferent cât de mult vă imploră animalul dvs. de companie.

Poate că pur și simplu înmuiați mâncarea uscată. Astfel, se elimină riscul de umflături și vă puteți bucura de beneficiile acestui tip de hrană.

O altă opțiune ar fi să combinați ambele opțiuni - poate hrană umedă dimineața și seara și o porție de hrană uscată la prânz.


# OFERIREA DE BUNĂTĂȚI

Probabil că nu veți putea evita bunătățile. Veți avea nevoie de destul de multe în timpul dresajului bully-ului dvs. singur, dacă doriți să lucrați cu întărire pozitivă. Și apoi vor exista cu siguranță una sau două dulciuri între ele.

După cum ați experimentat deja, buldogii francezi au tendința de a se îngrășa rapid. Acum, dacă chiar îi oferiți multe dulciuri prietenului dumneavoastră cu patru picioare, ar trebui să luaţi în considerare caloriile pe care le conţin.

Concluzia este că trebuie să ajustaţi raţiile de hrană. Dacă îi daţi hrană uscată, o puteţi folosi şi ca recompensă. Apoi, scădeţi cantitatea din masa câinelui dumneavoastră.

De asemenea, s-ar putea să vă placă să vă faceţi singuri bunătăţi cu puţine calorii. Nu este atât de dificil şi veţi găsi multe reţete uşoare pe internet.

De asemenea, puteţi cumpăra astfel de bunătăţi dintr-un magazin specializat bine aprovizionat. Acestea vor fi cu siguranţă puţin mai scumpe, dar mai sănătoase pentru francezul dumneavoastră.

# Păstrarea unui Bulldog francez

Bulldogul francez a devenit una dintre cele mai populare rase de câini. Acest lucru se datorează în principal atitudinii sale necomplicate, deoarece se simte acasă şi se simte confortabil aproape peste tot.

În timp ce în trecutul îndepărtat a fost crescut ca un câine de vânătoare de şobolani, astăzi se bucură de o mare popularitate ca şi câine de familie. Acum puteţi afla de ce.

## ESTE BULLY UN CÂINE DE FAMILIE?

Prima impresie vizuală este înşelătoare: un Bulldog francez nu este deloc fioros, chiar dacă aşa pare. Dimpotrivă: este drăgălaş, extrem de afectuos şi foarte devotat. Bulldogul francez are un caracter binevoitor şi echilibrat. Cu toate acestea, este uneori încăpăţânat, dar şi destul de vioi şi exuberant. Jucăuşenia sa îl face, de asemenea, foarte atractiv pentru familiile cu copii.

Bully nu este un mare atlet, în primul rând picioarele sunt mult prea scurte pentru asta şi în al doilea rând respiraţia nu este suficientă. Vă amintiţi că buldogii francezi au adesea probleme cu respiraţia. De aceea, acest căţeluş nu are aproape deloc condiţii pentru a face vreun sport canin obositor. Cu toate acestea, există un sport pe care Marele Danez este foarte fericit să îl facă: mângâierea de luptă.

Dar tot are nevoie de puțină mișcare, altfel ar exploda de la cusături. Ar trebui să vă scoateți Bulldogul francez la plimbare de cel puțin trei ori pe zi. Aceste plimbări nu trebuie să fie deosebit de lungi, dar ar trebui să fie suficiente pentru a împiedica câinele să se îngrașe.

Deoarece unui Bulldog francez îi place să stea cu stăpânul său și vrea să îl însoțească aproape peste tot, este bun de folosit ca un câine social și de companie. Dacă nu sunteți atent, Bully-ul dvs. vă va urma până în pat. El va arăta un comportament foarte loial față de tine și va fi, de asemenea, cu ochii pe proprietatea ta. Un Bulldog francez va raporta dacă ceva este în neregulă pe teritoriul său. Cu toate acestea, nu este în niciun caz agresiv și, de asemenea, instinctul de vânătoare este doar puțin dezvoltat.

Această rasă este foarte adaptabilă și va forma o legătură puternică cu omul sau familia sa. Acest comportament necomplicat al unui Bulldog Francez îl face un excelent câine de familie.

## CÂINE ÎNCEPĂTOR

Datorită comportamentului său foarte adaptabil, descris mai sus, Bulldogul francez este o introducere foarte bună pentru începătorii în creșterea câinilor. Dacă nu ați mai avut niciodată un câine și, prin urmare, nu aveți experiență cu câinii, această rasă este cea mai potrivită pentru dumneavoastră.

Bulldogii francezi sunt extrem de ușor de îngrijit și nu sunt pretențioși. De asemenea, iartă micile greșeli și sunt ușor și bine de dresat dacă aveți consecvența și răbdarea necesare. Cu toate acestea, nu-i certați cu voce tare, ci aveți întotdeauna o dispoziție prietenoasă față de animalul dumneavoastră. Marele Danez vă va mulțumi cu afecțiunea și cu multă dragoste.

# Îngrijirea corpului

## ÎNGRIJIREA CORECTĂ

Fiecare câine are nevoie de o îngrijire bună. Apoi, sunteți foarte apropiați de el și oricum îi place apropierea dumneavoastră.

Cu toate acestea, s-ar putea să nu-i placă anumite lucruri. Cui îi place să fie periat sau îmbăiat? Dar poate că acest lucru nu este necesar în cazul acestei rase.

Întrebări peste întrebări. Bineînțeles că doriți să faceți totul cum trebuie și să fiți siguri că câinele dvs. se simte bine cu adevărat. Asta nu este atât de dificil. Următoarele puncte vă vor arăta cum să faceți acest lucru și cum arată îngrijirea optimă pentru câinele dumneavoastră.

### 1. pieptănarea corectă

Este important să vă pieptănați câinele în mod regulat. Blana lungă are tendința de a se omogeniza rapid și, odată ce acest lucru se întâmplă, adesea singurul lucru care ajută este tunderea. Cu toate acestea, nici tu, nici câinele tău nu veți fi mulțumiți de acest lucru.

Cât de des ar trebui să vă dedicați timp îngrijirii? Ar fi optim dacă v-ați face timp pentru asta o dată sau de două ori pe săptămână. Este important să nu vă grăbiți. Nu vă grăbiți să pieptănați blana câinelui dumneavoastră pentru a vă asigura că ați prins toate încurcăturile.

Dar acest lucru nu este suficient. Cu acest câine este avantajos să folosiți cel puțin doi piepteni. Lucrați prin toate straturile de blană, acestea pot fi și de grosimi diferite. Alegeți un pieptene grosier pentru zonele dense și piepteni mai degrabă fini pentru cele mai fine.

După cum am menționat deja, aici este nevoie de calm. Nu tuturor câinilor le place pieptănatul, iar câinele dvs. ar putea avea opinii diferite în această privință. Dar veți afla acest lucru destul de repede.

Fie că protejatul tău va fugi, fie că se va întinde lângă tine și se va bucura de mângâierea specială. În general, însă, nu contează cum reacționează la ea: Toaletajul, cel puțin o dată pe săptămână, este o necesitate, indiferent dacă câinele dorește sau nu acest lucru. Aici trebuie să te impui, altfel un singur lucru te va ajuta: să-l tai! Cu siguranță nu este o opțiune pe care câinele tău ar aproba-o.

## 2. controlul ochilor

După cum ați experimentat deja, câinii sunt deosebit de sensibili la bolile oculare. Bolile enumerate (de exemplu, cataracta) sunt, desigur, date genetic și nu pot fi neapărat prevenite.

Cu toate acestea, este important să preveniți alte afecțiuni în zona vizuală, astfel încât să nu se producă daune suplimentare. Uitați-vă în ochii câinelui dumneavoastră în fiecare zi și acordați o atenție deosebită incrustațiilor. Le puteți îndepărta cu grijă cu o cârpă umedă sau cu puțină apă. De obicei, nu este nimic mai mult decât ceea ce noi am numi "nisipul de dormit". Cu toate acestea, câinele dumneavoastră nu va putea să le îndepărteze singur. S-ar putea chiar să nu-l deranjeze. Cu toate acestea, dacă rămâne în ochi permanent și în mod repetat, poate apărea o inflamație, care, la rândul ei, poate accelera sau susține alte boli.

Alte murdării cauzate de joaca în aer liber pot apărea și ele și pot duce la probleme dacă nu sunt evitate.

Desigur, nu trebuie să stați în spatele câinelui la fiecare oră și să vă uitați în ochii lui. Este suficient dacă faceți acest lucru dimineața sau seara. Găsiți aici un ritm pe care îl puteți încorpora cu ușurință în viața de zi cu zi împreună.

De asemenea, acordați atenție la ceea ce este bun pentru câinele dumneavoastră atunci când faceți curățenie. Vă rugăm să nu tratați cu picături sau remedii similare dacă nu sunteți siguri. Într-un astfel de caz, este întotdeauna mai bine și recomandabil să consultați un medic. El vă poate spune exact dacă este nevoie de un tratament suplimentar sau dacă puteți face ceva diferit atunci când faceți curățenie.

## 3. priviți în urechi

O privire zilnică în urechile flexibile ale câinelui este mai mult decât importantă. Câinii care au urechile flasce sunt oricum întotdeauna mai susceptibili la murdărie și boli.

Este important să știți că nu trebuie neapărat să vă curățați urechile în fiecare zi. Dar o privire ar trebui să fie riscantă. Luați-vă câinele lângă dumneavoastră și priviți-i scurt în urechi. Doar ridicați urechea și verificați dacă ceva pare ciudat.

Mulți proprietari observă din când în când un miros ciudat aici. Atunci este momentul să îndepărtați ceara din urechi (sau alte impurități). Dar există un lucru pe care nu trebuie să-l uitați niciodată: Unii proprietari vor să facă totul mai mult decât bine și cred că ceea ce este bun pentru un om nu poate fi rău pentru un câine. Vă rugăm, chiar dacă aveți aceste gânduri, nu puneți mâna pe bețișoare de urechi sau alte instrumente ascuțite de curățare. Nu știți când câinele dumneavoastră se mișcă, iar o zvâcnire la momentul nepotrivit poate duce la răni ale căror efecte nimeni nu le poate evalua.

În schimb, încercați să îndepărtați murdăria cu o cârpă umedă, fiind cât se poate de atent. În timp ce faceți acest lucru, vorbiți cu prietenul dumneavoastră cu patru picioare în mod liniștitor și țineți-l ușor în brațe.

Curățarea urechilor nu este cu siguranță un lucru plăcut, nici pentru tine, nici pentru câinele tău. Dar este totuși foarte importantă și nu trebuie amânată. Dacă nu reușiți să o faceți timp de câteva zile, nu ar trebui să se întâmple nimic. Dar atunci este important să aruncați din nou o privire.

O mulțime se acumulează destul de repede în urechile flexibile ale câinelui. Dacă așteptați prea mult, se poate dezvolta rapid o inflamație, care la rândul ei trebuie tratată de un medic.

Murdărie, ceară de urechi sau miros: nu dați o șansă acestor impurități și ajutați-vă câinele să audă bine fără durere.

## 4. controlul gurii

Poate părea ciudat, dar și câinii pot avea probleme dentare. Este posibil să fi experimentat și dumneavoastră cum se simte acest lucru. Este multă durere, iar joaca și mâncatul ies din discuție.

Ce opțiuni aveți? Sună incredibil, dar există proprietari care își spală câinii pe dinți. Cu toate acestea, vă rugăm să nu folosiți pastă de dinți din comerțul obișnuit. Dacă doriți să încercați acest lucru, vă rugăm să vă adresați medicului veterinar. El vă poate da o recomandare, vă poate sfătui să nu o faceți sau să o faceți și vă poate spune, de asemenea, ce produs și ce periuță puteți folosi pentru a sprijini îngrijirea dentară.

Cu toate acestea, dacă aceasta nu este o opțiune pentru dvs., câinele dvs. nu trebuie să se descurce fără dinți curați și bine îngrijiți. Există o gamă largă de produse de mestecat disponibile astăzi care au același efect. Veți găsi adesea cuvinte precum "dentar" sau "denta sticks" pe ambalaj. Aruncați o privire prin magazin. Nici pentru asta nu trebuie să mergeți la un magazin de animale de companie. De cele mai multe ori, aceste produse sunt deja disponibile în fiecare magazin de reduceri.

De asemenea, nu trebuie să vă faceți griji că câinelui dvs. ar putea să nu-i placă bețișoarele pentru că ar putea avea un gust ciudat. Un lucru este sigur:

câinele dvs. vă va iubi, pentru că nu va gusta nimic din efectul de toaletare. În timp, însă, el va observa şi nu doar câinele tău, ci şi tu te poţi bucura de o dantură sănătoasă.

Cel mai bine este să citiţi pe ambalaj cât de des trebuie să folosiţi aceste beţişoare. Acest lucru variază de la un producător la altul.

Încă nu sunteţi convins? Nici o problemă, pentru că există o altă opţiune care vă va da cu siguranţă mai multă convingere. Oferiţi-i prietenului dumneavoastră cu patru picioare un os în mod regulat, fie că este vorba de un os din carne sau din piele de bivol. Acestea au un efect similar. Animalele ronţăie pe suprafaţa dură şi pot astfel să îndepărteze murdăria şi placa bacteriană de pe dinţi. Prietenul dumneavoastră cu patru picioare cu siguranţă nu va spune nu la acest lucru.

## 5. Controlul căpuşelor, puricilor şi acarienilor

Indiferent dacă aţi ieşit la plimbare sau nu, verificaţi zilnic blana câinelui dumneavoastră pentru căpuşe sau alţi "locuitori". Acum aţi aflat deja ce boli pot fi declanşate de acestea.

Dar nu vă îngrijoraţi prea tare dacă găsiţi un astfel de animal. Acest lucru nu înseamnă că câinele dumneavoastră a contractat imediat o boală gravă. Bolile transmise de căpuşe şi alte animale sunt posibile, dar nu reprezintă regula. Cu toate acestea, dacă observaţi orice schimbări la prietenul dumneavoastră cu patru picioare, ştiţi deja ce puteţi indica la medic. Dar aceasta nu este chiar regula.

Dar care este cel mai bun mod de a examina haina? Puteţi pur şi simplu să vă folosiţi degetele şi să cercetaţi corpul câinelui bucată cu bucată. Aţi găsit ceva? Atunci trebuie să vă uitaţi cu atenţie. De cele mai multe ori, căpuşele sunt destul de mari şi pot fi răsucite cu grijă cu degetele. Asiguraţi-vă că prindeţi cu adevărat totul şi că nimic nu rămâne blocat în piele. Dacă nu reuşiţi cu degetele, puteţi folosi şi o pensetă sau un cleşte pentru căpuşe. Pe acestea din urmă le puteţi procura de la orice farmacie.

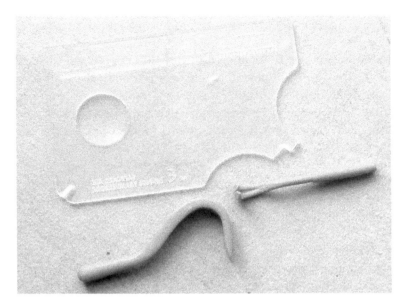

*Trusa noastră de căpușe, ©rgladel*

Dar dacă nu doriți să căutați cu mâinile, puteți folosi și un pieptene. Există piepteni speciali în acest scop. Nu veți avea neapărat succes cu un pieptene normal. Cereți în magazinul de animale de companie un pieptene pentru purici. Acesta este foarte fin și vă asigură că veți găsi cu adevărat totul. Puteți găsi chiar și cel mai mic purice cu el, de unde și numele.

Nu ezitați să încercați ceea ce vă place cel mai mult. Dar poate că este mult mai important ceea ce spune câinele dumneavoastră despre ea. Dacă nu-i place unul, poate că celălalt îl poate ajuta. Singurul lucru important este să nu vă lăsați convins să nu mai verificați puricii și căpușele. Mai ales după o plimbare mare, scanarea blănii este mai mult decât importantă.

Un mic indiciu: dacă ați găsit o căpușă și ați reușit să o îndepărtați, trebuie să o distrugeți. Vă rugăm să nu o aruncați pur și simplu în iarbă și să uitați de ea. Doar pentru că animalul a stat o vreme în câine, nu înseamnă că nu o poate face din nou. Chiar dacă nu arată bine: Pur și simplu călcați-l în picioare sau transportați-l altfel. În orice caz, acest lucru este mai bun decât o altă mușcătură de căpușă și prietenul dumneavoastră cu patru picioare nu se va gândi să mănânce micuța târâtoare până la urmă.

Din păcate, acarienii sunt foarte frecvente la câini. Aceștia sunt clasificați ca arahnide și, de obicei, stau la pândă în iarba de pe pajiști și câmpuri. Prietenul dumneavoastră cu patru picioare îi va prinde mult prea repede dacă merge prin iarbă.

În Europa există diferite tipuri de acarieni, cum ar fi acarienii demodex, acarienii de iarbă, acarienii prădători, acarienii urechilor, acarienii de vizuină și acarienii manei. Unii se transmit și la om și pot transmite boli precum scabia.

Unele simptome sunt aceleași pentru fiecare tip de acarian, dar există și simptome specifice care pot fi folosite pentru a identifica despre ce tip de acarian este vorba.

În general, poate exista o mâncărime foarte severă. Câinele dvs. se va scărpina fără oprire. Se poate forma mătreață pe piele, iar blana poate cădea. Scărpinatul constant va provoca răni și eczeme. În plus, zonele deschise pot duce la inflamații și la alte infecții.

În cazul unei infestări cu acarieni, simptomele pot fi observate doar la nivelul urechilor.

O programare rapidă la veterinar este acum inevitabilă, deoarece unele tipuri de acarieni pot fi foarte contagioase și se pot răspândi și la oameni. Alte animale de companie ar trebui, de asemenea, să fie examinate pentru infestare și tratate în consecință.

Medicul veterinar vă va da medicamente pentru a reduce mâncărimea. De asemenea, vă poate recomanda un șampon sau o pudră specială. Trebuie apoi să vă tratați prietenul cu patru picioare cu acesta conform instrucțiunilor. Gândiți-vă și la patul câinelui, pentru că și aici pot trăi acarieni.

Dacă aveți acarieni de toamnă în grădină, tundeți-o mai des decât în mod normal și aruncați resturile de iarbă tăiate. Lăsați câinele să alerge în iarbă doar atunci când aceasta este umedă. Atunci nu vor fi atât de mulți acarieni acolo.

Prevenirea acarienilor nu este ușoară, dar dacă câinele dumneavoastră are un sistem imunitar sănătos și puternic în primul rând, o infestare este mai puțin riscantă. Prin urmare, tratați-vă prietenul cu patru picioare cu o dietă bună și echilibrată și oferiți-i suficientă mișcare. Verificați blana câinelui dumneavoastră pentru paraziți după fiecare plimbare. În acest fel, puteți reacționa înainte ca infestarea să devină vizibilă. Uneori se recomandă să vă spălați câinele după fiecare plimbare, astfel încât să clătiți orice parazit care ar putea fi prezent. Totuși, acest lucru nu este foarte benefic pentru pielea și blana animalului dumneavoastră de companie. Dar ar trebui să îi curățați temeinic zgarda sau hamul în mod regulat, precum și păturile pentru câini din coș. Pentru acarienii de vizuină sau demodex, puteți folosi oțet de mere diluat. Cu toate acestea, aveți grijă să nu faceți ca acest amestec să ajungă în ochii câinelui dumneavoastră sau pe răni deschise. De asemenea, este posibil să aplicați ulei de cocos. Pentru unele specii de acarieni, acest lucru le va bloca orificiile de respirație și vor muri. Cu toate acestea, consultați-vă întotdeauna medicul veterinar dacă doriți să folosiți astfel de remedii de casă. Aceasta nu este întotdeauna calea corectă și recomandabilă.

Dacă observați o neliniște neobișnuită la prietenul dumneavoastră cu patru picioare și vedeți că se linge sau ciugulește des în anumite zone și se scarpină mult, verificați-i blana pentru purici. Este probabil ca o infestare cu purici să fie cauza. Puricii sunt foarte mici, cu o dimensiune de doar aproximativ 4 mm, dar totuși ușor de reperat. De obicei, sunt negri, au o latură plată și pot sări foarte departe. Pentru a detecta în mod fiabil o infestare cu purici, luați un pieptene fin pentru purici și treceți-l prin blana câinelui dumneavoastră. Dacă sunt prezenți purici, îi veți găsi pe aceștia sau rămășițele lor sub forma unor mici firimituri negre în pieptene. Dacă frecați aceste firimituri negre într-o batistă umedă, ele vor deveni de culoare brun-roșiatică. Acestea sunt excremente de purici.

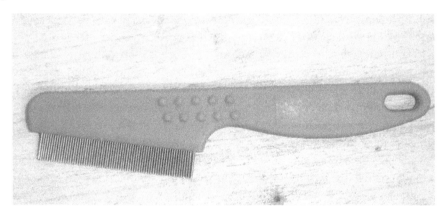

*Pieptenele nostru pentru purici ca instrument util, ©rgladel*

Acum trebuie să faci ceva rapid împotriva puricilor, pentru că aceștia nu se vor instala doar în blana prietenului tău cu patru picioare, ci și în coșul lui și peste tot pe unde își petrece timpul câinele tău. În plus, scărpinatul și linsul constant pot provoca infecții pe piele, iar puricii pot transmite și alte boli. Este de conceput, de exemplu, ca prietenul dumneavoastră cu patru picioare să se îmbolnăvească de meningită sau de febră pătată de la purici. De asemenea, poate apărea o reacție alergică la mușcăturile de purici și, lucru la care nu se gândește aproape niciodată, puricii pot transmite viermi. Toate acestea nu sunt inofensive nici pentru oameni. De aceea, în cazul unei infestări cu purici, trebuie să efectuați întotdeauna un tratament de dezinsecție.

Există diverse produse de combatere a puricilor disponibile în magazine sau la medicul veterinar. Puteți discuta cu medicul veterinar care este cel mai potrivit pentru câinele dumneavoastră. Sunt disponibile pipete, așa-numitele spot-ons, al căror conținut se picură în gâtul animalului. Acest lucru poate fi făcut chiar și profilactic, pentru a preveni apariția puricilor la câine. Spray-urile pot fi, de asemenea, utile, dar trebuie să vă asigurați că pot fi folosite pe un singur animal. În plus, există coliere antipurici care conțin un ingredient activ care este mortal pentru purici. Dacă preferați să încercați fără substanțe chimice, încercați siliciul sau pământul diatomat. Această pulbere foarte fină poate fi împrăștiată pe blana câinelui dumneavoastră. De asemenea, poate fi folosită pentru așternutul câinelui, iar animalul dvs. de companie va împrăștia singur această pudră oriunde merge. Este nevoie de ceva mai mult timp pentru a scăpa de infestarea cu purici, dar are un efect de foarte lungă durată. Este important, cu orice fel de aplicare diferită, să tratați toate animalele din gospodărie împotriva puricilor. În caz contrar, există riscul ca aceștia să sară de la un animal la altul și astfel să nu fie niciodată eradicați complet.

Din nefericire, puricele nu face nicio diferență dacă alege ca gazdă un câine adult sau un cățeluș. Cu toate acestea, în cazul cățeilor, medicația împotriva puricilor trebuie folosită cu prudență, deoarece sistemul imunitar nu este încă pe deplin dezvoltat. Nu uitați să discutați cu medicul veterinar despre ce medicamente antipurici puteți folosi în siguranță, fără a-i face rău micuțului dumneavoastră drag.

Există, de asemenea, diverse spray-uri pentru mediul înconjurător al câinelui, dar ouăle și larvele de purici nu sunt întotdeauna ucise. Acestea sunt de obicei prezente în crăpăturile și colțurile întunecate ale casei dumneavoastră. De aceea, ar trebui să puneți mâna pe aspirator în fiecare zi de acum înainte. Astfel, larvele eclozează mai ușor și le puteți combate cu medicamente antipurici. Dacă locuința dvs. este prea grav afectată, puteți folosi așa-numitele "nebulizatoare". Cu toate acestea, în acest caz nu veți putea intra în casă timp de câteva ore și va trebui să curățați meticulos tot mobilierul. Aceasta este o metodă foarte incomodă, dar unii proprietari de câini jură pe ea.

Acum probabil că vă întrebați de unde a luat câinele dumneavoastră purici. Acest lucru se întâmplă rapid atunci când ieșiți în oraș cu prietenul dumneavoastră cu patru picioare. Micii dăunători stau la pândă în iarbă sau în blana altor câini cu care s-a jucat al tău. Pupele și larvele unui purice pot supraviețui chiar și câteva luni fără hrană și apoi ajung în cele din urmă în blana prietenului dumneavoastră cu patru picioare. Și apoi trebuie să vă amintiți că un purice poate sări peste o jumătate de metru. Din păcate, iernile noastre nu mai sunt suficient de friguroase pentru a ucide o populație de purici, iar odată ce există câțiva în casă, le este deosebit de ușor să se înmulțească rapid. O femelă poate produce multe sute de ouă în câteva săptămâni, care vor cădea în cele din urmă de pe câine și se vor răspândi în tot apartamentul. De aceea, este atât de important să le controlați în interiorul celor patru pereți ai dumneavoastră. Larvele de purici eclozează din ouă după un timp scurt. Acestea se găsesc în principal în crăpăturile întunecate sau în haine și textile, precum și în covoare. Larvele sunt foarte robuste și dificil de îndepărtat. În următorul ciclu, larva se transformă în pupă și poate supraviețui timp de mai multe săptămâni și luni. Chiar și substanțele chimice afectează cu greu pupa. Acum, puricele adult iese la suprafață și este gata să depună noi ouă. Este foarte dificil de controlat o adevărată infestare cu purici. Prin urmare, faceți-vă o favoare și verificați-vă câinele în mod regulat pentru paraziți.

## 6. Nutriție și exerciții fizice

Este important să acordați atenție în fiecare zi alimentației prietenului dumneavoastră cu patru picioare. Așadar, dacă se uită la tine cu ochii mari după micul dejun și îți cere mai mult, nu ceda. El va fi sătul, chiar dacă pe moment nu-și dă seama de asta. Este ca la oameni: Dacă mâncăm repede și nu ne gândim mai departe, ne va fi foame și după masă. Abia mai târziu experimentăm ceea ce numim senzația de sațietate. Nu este diferit în cazul prietenului dumneavoastră cu patru picioare.

Așadar, este important să respectați anumite cantități de alimente. Bineînțeles, puteți da și o recompensă între timp, dar și aici cantitatea este importantă. Vă rugăm să nu dați prea mult, altfel efectul de recompensă va dispărea rapid.

De asemenea, este important să faceți suficientă mișcare. Un câine care mănâncă bine are nevoie și de exerciții fizice. Acest lucru este deosebit de important pentru câine, deoarece oricum are în el instinctul de vânătoare. Dacă locuiește cu dumneavoastră într-un apartament, scoateți-l afară de cel puțin două sau trei ori pe zi. Îi va plăcea acest lucru.

Dacă are suficient spațiu și un teren mare, chiar și o dată pe zi ar trebui să fie suficient, dar nici nu va spune "nu" dacă îl luați pentru o a doua rundă. Află ce este suficient și antrenează-l cât de mult poți. Dacă nu este posibil din anumite motive, ați putea, de asemenea, să faceți o tură mare de joacă cu el în fiecare zi. Acest lucru nu este cu siguranță ușor în interior, dar pe o proprietate nu este o problemă. Singurul lucru important este ca el să se mişte. Atunci câinele dumneavoastră se va simţi foarte bine.

Pe scurt, un echilibru între exerciţiile fizice şi o dietă sănătoasă este cel mai bun lucru pentru câinele dumneavoastră. Această rasă are tendinţa de a deveni supraponderală mai repede decât alţi câini. Dacă se observă ceva aici, medicul veterinar vă va spune. Cel târziu atunci trebuie făcut ceva.

### 7. verificarea labei

Poate părea de prisos pentru unii stăpâni, dar verificarea labei, mai ales iarna, trebuie făcută zilnic.

Dacă vă plimbaţi mult câinele, se poate întâmpla ca în sezonul rece să se adune reziduuri de sare de drum sub labe şi pe gheare. În timp, acestea pot durea şi pot duce la răni minore. După plimbare, efectuaţi o verificare şi curăţaţi cu atenţie tampoanele, dacă este necesar.

Dacă doriţi, puteţi, de asemenea, să daţi cu cremă în mod regulat labele prietenului dumneavoastră cu patru picioare. Sezonul joacă doar un rol minor în acest caz. Iarna îi va face bine din cauza sării. Vara, cu siguranţă va merge mult pe suprafeţe fierbinţi. Atunci este cu siguranţă o binecuvântare dacă lăbuţele sale sunt cremate pentru scurt timp.

Folosiţi o cremă delicată, fără mulţi aditivi şi parfum. Dacă nu aveţi aşa ceva în casă, puteţi întreba şi medicul veterinar la următoarea vizită. Sfaturile sunt cu siguranţă disponibile şi la magazinul de animale de companie. Timpul nu este esenţial.

Este mult mai important să verificaţi zilnic labele şi ghearele, pentru a nu se produce inflamaţii din cauza suprafeţelor diferite.

În timpul rutinei de toaletare, verificaţi şi lăbuţele câinelui dumneavoastră. Verificaţi dacă s-au blocat corpuri străine şi/sau murdărie, deoarece acest lucru îi poate provoca dureri prietenului dumneavoastră cu patru picioare.

Asiguraţi-vă că pernuţele lăbuţelor sunt netede şi moi. Dacă acestea prezintă crăpături sau lasă o amprentă uscată, trataţi labele cu vaselină, grăsime de muls sau o cremă specială.

Dacă prietenul dumneavoastră cu patru picioare are părul extrem de lung pe labe, ar putea fi util să tăiaţi blana aici. Acest lucru reduce riscul de blocare a corpurilor străine. În plus, le puteţi găsi şi îndepărta mai repede.

Poate deveni necesară tăierea ghearelor câinelui dumneavoastră dacă acestea nu se uzează în mod natural. Trebuie să fiţi foarte atenţi aici, deoarece ghearele unui câine au flux sanguin. Dacă tăiaţi prea mult, vor rezulta sângerări şi durere.

Dacă nu vă simțiți încrezător în tăierea ghearelor, consultați medicul veterinar. Îngrijirea labei este deosebit de importantă iarna și la temperaturi foarte ridicate vara, deoarece labele câinilor sunt supuse atunci la o mare presiune. Cu toate acestea, există câteva lucruri pe care le puteți face întotdeauna pentru a avea grijă de labele câinelui dumneavoastră. Păstrați blana de pe labe suficient de scurtă, astfel încât să nu se poată forma încurcături. Așchiile, pietricelele sau chiar acarienii se pot aduna în ele și pot provoca dureri câinelui. Există mașini speciale de tuns blana cu vârful rotunjit pentru a nu înțepa accidental câinele. Pernuțele picioarelor pot avea nevoie, de asemenea, de o îngrijire specială dacă câinele dumneavoastră tinde să aibă pernuțe uscate. În acest caz, se pot forma mici fisuri care pot provoca durere și inflamație. Masează zilnic un balsam gras pentru lăbuțe pe pernuțe. Acesta formează o peliculă protectoare care împiedică ruperea pernuțelor. În cazul temperaturilor extreme, fie că este vorba de căldură sau de frig, poate fi util să puneți pantofi câinelui dumneavoastră. Mulți câini trebuie să se obișnuiască la început cu acest lucru, dar astfel de pantofi pot fi o protecție importantă pentru labe.

O verificare adecvată a labei trebuie să facă parte din rutina de îngrijire. Căutați mici leziuni și fisuri, precum și posibile corpuri străine și murdărie care se pot prinde între degetele de la picioare. Curățați lăbuțele în mod regulat cu apă călduță. Acest lucru va slăbi corpurile străine care se pot acumula neobservate în spațiile dintre labe.

## 8. gheare

În acest moment, să aruncăm încă o privire rapidă la gheare. Nu este vorba doar de răni. Mulți proprietari nu acordă prea multă atenție acestei zone și poate că acest lucru nu este atât de surprinzător. Opinia generală este că ghearele câinelui se scurtează singure. El iese mult pe afară, chiar și pe suprafețe dure, așa că acest lucru nu ar trebui să fie o problemă. Dar acest lucru nu este întotdeauna cazul.

S-ar putea să aveți noroc, dar nu este rău să verificați periodic. Dacă simțiți că ghearele sunt prea lungi sau încarnate, le puteți scurta. Singura problemă va fi dacă câinele dumneavoastră va sta nemișcat în timpul acestei proceduri. Dacă nu aveți încredere să faceți acest lucru, întrebați medicul veterinar. El vă poate arăta și data viitoare cu siguranță veți putea să o faceți singur.

Nu uitați nici de gheara lupului!

## 8.1 Gheare tăiate

Cel mai bun moment pentru a tăia ghearele este fie după o plimbare, fie după joacă. Atunci câinele dumneavoastră este obosit și va accepta mai calm această procedură.

Tăierea ghearelor la câini este la fel de importantă ca și tăierea unghiilor. Ghearele cresc în mod constant la loc și în cele din urmă vor fi prea lungi dacă nu se uzează suficient prin exerciții fizice.

La unii câini, uzura ghearelor este automată, la alții nu. Câinii mari și grei au mai puține probleme cu ghearele lungi decât câinii mici și ușori. Duritatea ghearelor determină, de asemenea, dacă acestea se uzează bine sau nu.

Cu toate acestea, lungimea corectă a ghearelor este importantă pentru picioare sănătoase. Dacă acestea sunt prea lungi, partea anterioară a piciorului este împinsă în sus, iar oasele și ligamentele pot fi dezaliniate. Există, de asemenea, riscul ca câinele dumneavoastră să își rupă ghearele sau acestea să se rupă. Acest lucru poate duce la dureri considerabile. Lungimea corectă a ghearelor permite ca laba câinelui dumneavoastră să se rostogolească bine și astfel poate merge mult mai bine. Și, nu în ultimul rând, podeaua dvs. suferă mai puțin atunci când câinele dvs. are gheare frumoase.

Dar cum îți poți da seama dacă ghearele sunt prea lungi? Acestea ar trebui să fie la aproximativ doi milimetri de podea. Acest lucru este dificil de măsurat... luați o bucată de hârtie și încercați să o împingeți sub laba până la bila prietenului dumneavoastră cu patru picioare. Dacă nu reușiți, ghearele sunt prea lungi și trebuie să fie scurtate.

Acum ai nevoie de puțină îndemânare dacă vrei să tai singur ghearele câinelui tău. În niciun caz nu trebuie să tai prea mult, pentru că acest lucru va provoca sângerări și animalul tău de companie va avea dureri.

În gheare există vase de sânge. În cazul în care ghearele sunt de culoare deschisă, țineți o lanternă pe ele și le veți putea vedea clar. Se poate tăia doar partea din gheară care nu este alimentată cu sânge.

În cazul în care ghearele sunt de culoare închisă, singura opțiune este să pipăiți încet înainte cu un foarfece de unghii. Tăiați întotdeauna bucăți cât mai mici din gheară până când dați peste o mică pată neagră. Atunci ați ajuns la vasul de sânge și trebuie să vă opriți. Este posibil să puteți vedea vasele de sânge din unghia întunecată cu ajutorul lămpii de pe telefonul mobil. O astfel de lampă strălucește foarte puternic. Dacă ați făcut această procedură mai des, veți dezvolta în timp un sentiment pentru ea și veți ști automat cât de mult puteți scurta ghearele.

De asemenea, nu uitați de ghearele de lup de pe picioarele posterioare ale câinelui dumneavoastră. Gheara lupului este al cincilea deget de la picior și în mod normal nu este în contact cu solul. Aceasta poate crește în piele dacă nu este tăiată în mod regulat. Există, de asemenea, riscul de agățare.

Acum să începem cu tăierea ghearelor. În primul rând, adunați toate ustensilele de care aveți nevoie pentru acest lucru. În primul rând, bineînțeles, foarfecele pentru gheare și, în cazul în care ar trebui să aveți un incident, un săpun sau un dop de sângerare pentru câini, precum și o șosetă specială pentru câini. Puteți cumpăra un opritor de sângerare adecvat într-un magazin specializat sau de la medicul veterinar, precum și de pe internet la "marele A".

Tăierea ghearelor este mai ușoară atunci când patrupedul este întins. Dacă are o încredere stabilă în dumneavoastră, va fi calm și relaxat. Dacă și dvs. sunteți emoționat pentru că îi tăiați ghearele pentru prima dată, câinele dvs. va fi și el agitat.

Acum țineți-i bine laba în mână. Cel mai bine este să vă iluminați mediul de lucru, astfel încât să puteți vedea bine. De asemenea, priviți prin ghearele prietenului dumneavoastră cu patru picioare pentru a vedea vasele de sânge. De asemenea, vă invităm să folosiți o lupă sau o lupă de masă pentru a putea vedea totul și mai bine.

Dacă câinele vrea să îndepărteze laba, țineți-o ferm. Tăiați gheara în unghiuri drepte față de direcția de creștere și doar câte o bucată mică, astfel încât vasele de sânge din interior să rămână intacte. Aparatul de tăiat gheare va avea probabil un distanțier, dar vă rugăm să nu vă bazați doar pe acesta, ci să vă uitați întotdeauna cu atenție și dumneavoastră.

Când dragul tău a trecut calm prin toată procedura, laudă-l din belșug și răsfață-l cu bunătățile lui preferate. Desigur, chiar și cu cele mai bune practici, se poate întâmpla să tăiați prea mult. De aceea, aveți pregătită "trusa de urgență". Pentru că, odată ce s-a întâmplat și gheara sângerează, trebuie să acționați rapid.

Puneți gheara sângerândă în bucata moale de săpun. Sângerarea ar trebui acum să se oprească rapid, iar săpunul formează un strat protector. Acum trageți șoseta pentru câini peste labă, astfel încât săpunul să se lipească de ea. Bineînțeles, puteți folosi și opritorul de sângerare menționat în locul săpunului. Prietenul dumneavoastră cu patru picioare poate acum să se plimbe cu această șosetă timp de aproximativ o săptămână pentru a proteja gheara rănită, astfel încât să nu apară nicio inflamație. Bineînțeles, verificați starea labei de mai multe ori pe zi. Dacă nu sunteți sigur, vizitați un medic veterinar împreună cu câinele dumneavoastră. Cu siguranță nu este ușor pentru amatori să taie ghearele. Este nevoie de practică şi de sensibilitate. Dacă nu sunteţi sigur că o puteţi face singur, cereţi ajutorul medicului veterinar. În timpul examinărilor de rutină, acesta poate prelua, de asemenea, tăierea ghearelor. Poate că vă poate arăta şi vă poate învăţa, astfel încât să fiţi pregătit pentru data viitoare.

### 9. nu se îmbăiază decât foarte rar

Ce părere aveţi despre scăldatul câinelui? Există opinii foarte diferite aici. Există proprietari de câini care acordă o mare importanţă scăldatului animalului. Mirosurile neplăcute dispar, iar animalul se simte mai bine. Din păcate, nu este chiar aşa. Un câine este un câine, la urma urmei, şi are un miros, aşa cum se obişnuieşte. Acest lucru înseamnă că a-l îmbăia pentru a-l face să miroasă mai bine mai târziu este inutil. În afară de asta, nu va trece mult timp până când va mirosi din nou ca un câine. Acest lucru este destul de normal.

În cazul prietenilor cu patru picioare cu blană mai lungă, ar putea fi util să îi îmbăiaţi o dată pe an. Dacă doriţi să faceţi acest lucru mai des, vă rugăm să folosiţi numai apă limpede. Acest lucru este cu siguranţă mai distractiv decât să-l săpunim cu şampon din nou şi din nou.

Ar trebui să acordaţi o atenţie deosebită aici. Vă rugăm să nu folosiţi şampon obişnuit. Astăzi există o selecţie mare de şampon pentru câini, care este cu adevărat adaptată nevoilor animalului. Veţi găsi cu siguranţă un răspuns la acest lucru în magazinul de animale de companie. Dacă prietenul dumneavoastră cu patru picioare are probleme de piele, întrebaţi medicul veterinar dacă are sens şi, dacă da, ce produs să folosiţi.

Prin urmare, următoarele se aplică în cazul dumneavoastră, în calitate de proprietar de câine: îmbăiaţi-vă câinele doar dacă este necesar şi adresaţi-vă întotdeauna unui profesionist dacă aveţi probleme. O baie cu spumă pentru a combate mirosurile nu are niciun sens şi ar trebui să fie bine gândită. Toaletarea unui câine pare să fie destul de consumatoare de timp. Dar nu este aşa. Cu puţină practică, este uşor de făcut şi durează doar câteva minute pentru a termina totul. Nici anumite lucruri nu trebuie făcute în fiecare zi, cum ar fi îmbăierea. De asemenea, veţi dezvolta o rutină de verificare a ghearelor în timp, ceea ce vă poate arăta că nu este nevoie să verificaţi în fiecare zi.

Este important în acest moment să vă îngrijiţi prietenul cu patru picioare în mod conştiincios, dar să nu exageraţi. Este suficient dacă îi acordaţi câteva minute pe zi. Nici câinelui dumneavoastră nu-i va plăcea prea mult, pentru că, la urma urmei, este un câine şi cu siguranţă nu acordă atât de multă importanţă aspectului fizic, așa cum ne-am dori uneori. Este nevoie de o bună interacțiune de ambele părți și asta nu este cu siguranță o problemă: pentru dumneavoastră și pentru câinele dumneavoastră!

## 10. Asigurare de sănătate

Desigur, companiile de asigurări vor să facă profit. Prin urmare, de obicei plătiți mai mult în prime de asigurare, repartizate pe durata de viață a câinelui, decât v-ar costa veterinarul. Dar nu ar trebui să luați această decizie atât de ușor.

Cu excepția cazului în care aveți un sold de credit care vă permite să acoperiți în orice moment chiar și o factură veterinară foarte mare, factorul timp joacă un rol important. O asigurare de sănătate veterinară va acoperi toate costurile după numai câteva luni. Sfatul de a economisi în fiecare lună o sumă corespunzătoare primei de asigurare nu este de niciun folos dacă câinele dumneavoastră suferă un accident grav la o vârstă fragedă. Nicio clinică veterinară nu va fi de acord ca dumneavoastră să plătiți tratamentul în rate mici pe o perioadă de 10 ani. În plus, s-ar putea să aveți ghinionul ca câinele dumneavoastră să se îmbolnăvească și să aibă nevoie de multe tratamente costisitoare. În aceste cazuri, asigurarea este de multe ori mai ieftină. Cu toate acestea, uitați-vă cu atenție la tarife.

În primul rând, există o distincție între asigurarea de sănătate completă, asigurarea pentru costuri chirurgicale și asigurarea pentru accidente.

**Asigurarea de sănătate completă** acoperă toate costurile veterinare necesare, dar, de obicei, doar o parte din costurile de vaccinare. Unele companii nu acoperă examinările pure, de exemplu pentru un certificat de sănătate.

Tarifele sunt relativ scumpe. De obicei, există o limită de vârstă la încheierea poliței. În unele cazuri, există limite superioare ale prestațiilor sau se convine asupra unei franșize pe an sau pe diagnostic. De regulă, acoperirea prin asigurare depinde de faptul că câinele dumneavoastră primește anumite vaccinuri. În plus, prestațiile complete sunt de obicei plătite numai după o perioadă de așteptare. Tratamentele care devin necesare ca urmare a unui accident care a avut loc după încheierea contractului sunt, de obicei, acoperite imediat de către companie.

**Asigurarea costurilor chirurgicale** este mult mai ieftină, dar de multe ori sunt acoperite doar costurile pur chirurgicale. Unele tarife acoperă, de asemenea, costurile examinărilor preliminare și de urmărire, precum și ale medicamentelor. De asemenea, sunt posibile perioade de așteptare și plafoane ale prestațiilor. Cu toate acestea, este adesea posibil să se încheie o asigurare pentru animalele mai în vârstă.

În cazul asigurărilor de **accidente,** companiile de asigurări acoperă doar costurile de tratament care devin necesare ca urmare a unui accident. Tarifele sunt foarte avantajoase, nu există perioadă de așteptare și nici limită de vârstă.

**Atenție:** Tarifele pentru medicii veterinari (GOT) permit medicului să perceapă de până la trei ori valoarea de bază a unui serviciu. Adesea, companiile acoperă doar tariful unic. Prin urmare, chiar și cu o asigurare completă, este posibil să vi se ramburseze doar o parte din factura medicului.

| Ce | Costuri / an |
|---|---|
| Taxa pentru câini | 100 - 150 Euro |
| Asigurarea de răspundere civilă a proprietarilor de câini | 50 - 100 Euro |
| Asigurarea sănătății animalelor | 120 - 300 Euro |
| Contribuția clubului canin | 50 - 100 Euro |
| Chuck | 1.200 - 2.000 de euro |
| **Total** | **1.520 - 2.650 de euro** |

# 11. sfaturi pentru achiziție

✓ Luați legătura cu clubul canin corespunzător. Aceste cluburi vă vor da numele unor crescători de renume și, uneori, vor plasa și animale adulte.

✓ Aruncați o privire pe pagina de internet a crescătorilor. De obicei, aceștia descriu și obiectivele lor de creștere. Contactați numai crescătorii din zona dumneavoastră a căror atitudine față de rasă corespunde ideilor dumneavoastră.

✓ Nu uitați că cererea de cățel depășește oferta. Solicitați unul dintre animalele crescătorului. Acesta îl va da doar dacă are încredere în tine.

✓ Deveniți suspicios dacă crescătorul vinde câinii "ca pe o bucată de unt". Ar trebui să fie interesat să știe cum va trăi câinele cu dumneavoastră.

✓ Crescătorii buni vă permit să vizitați cățeii și vă oferă, de asemenea, posibilitatea de a vedea mama. Familia câinelui ar trebui să fie integrată în familia crescătorului.

✓ Nu vizitați niciodată mai mult de un crescător într-o singură zi, deoarece ați putea răspândi boli de la un adăpost la altul.

✓ Nu invadați crescătorul cu întreaga familie și nici nu aduceți animale de companie. Acest lucru provoacă un stres care dăunează cățelei și cățeilor.

✓ Insistați asupra hârtiilor care poartă un sigiliu de calitate de la VDH (International Dachverband) sau SV e.V.. Acestea sunt acordate numai câinilor proveniți de la crescătorii care respectă cu strictețe regulile stabilite pentru bunăstarea animalelor.

✓ Atunci când cumpărați un câine adult, verificați vecinii vânzătorului. Este un semn rău dacă vecinii sunt fericiți atunci când câinele dispare. Nu cumpărați dacă aflați că, probabil, câinele v-a mușcat.

✓ Insistați întotdeauna asupra documentelor, chiar și atunci când cumpărați un animal adult. Verificați ca cipul câinelui să aibă același număr ca cel din acte. Orice persoană care deține legal un câine are cel puțin un carnet de vaccinări.

Aflați acum mai multe sfaturi utile despre îngrijirea câinilor: Bulldogul francez este foarte ușor de îngrijit, dar nu poate renunța la un "tratament de înfrumusețare". Rândurile următoare vă vor spune tot ce trebuie să știți.

# ÎNGRIJIREA PIELII ȘI A BLĂNII

O mănușă de somn și o perie moale sunt cele mai bune pentru îngrijirea buldogului francez. Ar trebui să folosiți aceste ustensile zilnic în timpul schimbării blănii, care are loc primăvara și toamna. Cu toate acestea, deoarece Bulldogii francezi nu au un strat inferior de blană, părul va fi limitat.

Din cauza lipsei de subpachet, nu este necesară tunderea sau tunderea blănii în timpul verii. Puteţi pur şi simplu să ştergeţi murdăria grosieră cu o cârpă umedă.

Pliurile pielii prietenului dumneavoastră cu patru picioare au nevoie de mai multă atenţie. Această rasă are o mulţime de ele. Dacă nu le îngrijiţi cu regularitate, murdăria, umiditatea şi paraziţii se pot acumula rapid. Frecarea provoacă apoi iritaţii şi inflamaţii, care pot fi foarte neplăcute şi dureroase pentru animalul dumneavoastră de companie.

Prin urmare, curăţaţi pliurile pielii cu o cârpă uscată pentru a evita astfel de neplăceri şi verificaţi-le pentru ca niciun oaspete nepoftit să se instaleze aici.

Numai în caz de urgenţă extremă ar trebui să vă băgaţi francezul în baie. Acest lucru ar putea fi necesar dacă s-a rostogolit în substanţe urât mirositoare. În acest caz, nici măcar o cârpă umedă nu va mai fi de ajutor şi o baie este necesară.

Vă rugăm să folosiţi doar un şampon special pentru câini, pentru ca pielea să nu fie agresată. După baie, uscaţi bine prietenul dvs. cu patru picioare cu o cârpă din bucată de bucată. Ţineţi ferestrele închise şi asiguraţi-vă că câinele dumneavoastră nu este expus la curenţi de aer.

# ÎNGRIJIREA OCHILOR

Ar trebui să vă ştergeţi ochii cu o cârpă umedă şi moale din când în când. Nu uitaţi de ridurile de deasupra şi de sub ochi. Asiguraţi-vă că câinele dumneavoastră se uită la dumneavoastră cu o privire clară. Dacă observaţi o tulburare a ochilor, consultaţi medicul veterinar.

# ÎNGRIJIREA URECHILOR

O dată pe săptămână ar trebui să aruncaţi o privire la urechile câinelui dumneavoastră. Nu este neobişnuit ca acarienii să se instaleze aici. De asemenea, praful şi alte murdării se acumulează rapid.

Curăţaţi urechile cu o cârpă moale şi umedă. Picături speciale de curăţare sunt, de asemenea, disponibile în magazine. Nu folosiţi niciodată un beţişor de bumbac pentru urechi. Riscul de rănire este prea mare dacă câinele îşi întoarce capul şi introduceţi beţişorul prea adânc în ureche.

Cu toate acestea, dacă iese o secreţie din urechi sau dacă auziţi un miros urât, vă rugăm să vă adresaţi medicului veterinar. Poate fi vorba de o infecţie a urechii, care poate fi foarte dureroasă pentru prietenul dumneavoastră cu patru picioare.

## ÎNGRIJIRE DENTARĂ

Din când în când se poate întâmpla ca buldogul tău francez să emită un miros urât din gură. Acest lucru se datorează, de obicei, faptului că tartrul s-a depus pe dinţi.

Acest lucru se întâmplă atunci când prietenul dumneavoastră cu patru picioare mestecă puţin sau deloc. Aţi putea remedia acest lucru pentru viitor şi să-i oferiţi prietenului dumneavoastră cu patru picioare oase de mestecat sau ceva similar. Uneori, chiar şi oferirea de hrană uscată este suficientă, dacă nu este unul dintre "lurcheri" şi îşi mestecă bine mâncarea.

Dacă aceste măsuri nu duc la succesul dorit, puteţi peria dinţii Marelui Danez. Pentru a face acest lucru, folosiţi o periuţă de dinţi moale sau una care este special concepută pentru câini. Nu folosiţi propria pastă de dinţi, deoarece este posibil să nu fie potrivită pentru câini. Există diverse paste de dinţi pentru câini disponibile în magazine, care au şi un gust "apetisant" pentru prietenul cu patru picioare.

Pentru a nu vă surprinde câinele cu acest efort la un moment dat, ar trebui să exersaţi periajul dinţilor când este încă un căţeluş.

Nu în ultimul rând, există posibilitatea de a fi îndepărtat tartrul de către medicul veterinar. Totuşi, aceasta este o procedură neplăcută pentru câinele dumneavoastră şi nu este neobişnuit ca acest tratament să fie efectuat sub anestezie generală, ceea ce, la rândul său, implică riscuri pentru prietenul cu patru picioare.

## ÎNGRIJIREA LABEI

De asemenea, ar trebui să verificaţi dacă lăbuţele sunt murdare după fiecare plimbare. Este uşor ca o piatră mică sau o bucată de murdărie să se blocheze între degetele de la picioare. Dacă aceasta nu este îndepărtată, îi poate provoca dureri prietenului dumneavoastră cu patru picioare.

Puteţi şterge lăbuţele cu o cârpă umedă, mai ales între degetele de la picioare.

Talpa labei trebuie să rămână întotdeauna moale şi suplă. Aici sunteţi bineveniţi să folosiţi din când în când o cremă specială pentru labe.

# GHEARE TĂIATE

De regulă, ghearele Bullys-ului dumneavoastră se vor uza de la sine. Totuşi, acest lucru depinde de activităţile sale şi de suprafeţele pe care se mişcă în principal. Prin urmare, este posibil ca din când în când să trebuiască să folosiţi maşina de tuns.

Vă puteţi da seama că ghearele sunt prea lungi atunci când auziţi fiecare pas pe care câinele dumneavoastră îl face pe parchet. Ghearele lasă în urmă un sunet care poate fi uşor de clasificat. Dacă nu reacţionaţi aici şi nu le scurtaţi, o stare prelungită poate duce la malpoziţii în sistemul locomotor. Buldogul dvs. suferă de o lipsă de mobilitate, deoarece fiecare pas doare, deoarece ghearele apasă în patul ghearelor.

Scurtarea ghearelor nu este dificilă în sine, dar necesită totuşi un pic de îndemânare, deoarece acestea au un flux sanguin până la un anumit punct. Dacă tăiaţi prea mult, ghearele vor începe să sângereze.

Dacă nu aveţi încredere să faceţi acest lucru singur, cereţi ajutorul medicului veterinar. Acesta va fi fericit să vă arate cel mai bun mod de a face acest lucru, astfel încât să nu vă răniţi animalul de companie.

# USTENSILE DE ÎNGRIJIRE

Până acum aţi dobândit o mulţime de cunoştinţe despre îngrijirea buldogului dumneavoastră francez. Aici puteţi citi din nou ce instrumente aţi putea folosi pentru o bună îngrijire.

Pentru blană, veţi avea nevoie de o perie moale şi de o mănuşă de somn. Pentru a vă putea usca câinele, întindeţi câteva prosoape folosite.

Este nevoie de o cârpă moale pentru a curăţa ochii, precum şi urechile. Cel mai bine este să luaţi două cârpe de culori diferite, una pentru ochi, cealaltă pentru urechi. În acest fel nu se poate face nicio confuzie.

Vă puteți spăla bine dinții cu o periuță de dinți moale. Pentru aceasta aveți nevoie și de o pastă de dinți pentru câini.

Pentru lăbuțe aveți nevoie, de asemenea, de o cârpă moale (poate de o a treia culoare). Pentru a scurta ghearele este nevoie de o foarfecă pentru gheare. Un balsam bun menține suplețea tălpilor.

Pregătiți un șampon pentru câini pentru a-l îmbăia pe prietenul dumneavoastră cu patru picioare.

Nu aveți nevoie de mai mult pentru a vă menține Bulldogul francez în formă maximă... cu excepția multă dragoste și afecțiune.

# Boli

Bulldogii francezi sunt printre cei mai sănătoși reprezentanți ai Marelui Danez, în afară de deficiențele tipice rasei. Cu toate acestea, nu poate fi exclus ca prietenul dumneavoastră cu patru picioare să se îmbolnăvească într-o zi. Veți afla ce s-ar putea întâmpla în rândurile următoare.

## PARAZIȚII

Există mulți paraziți pe care Bully-ul dumneavoastră îi poate lua. Bineînțeles, nu îi aduce acasă intenționat și cu siguranță nu i-a invitat. Dar odată ce prietenul dumneavoastră cu patru picioare are acești oaspeți neinvitați, este important să scăpați de ei cât mai repede posibil. Aici se termină buna ospitalitate.

### Viermi

Viermii, numiți și endoparaziți, sunt susceptibili să apară mai des în cursul vieții unui câine. Deoarece există mai multe tipuri diferite, și simptomele variază. Uneori nu există chiar niciun simptom, ceea ce, desigur, face diagnosticul dificil.

Ouăle de viermi au proprietatea de a putea supraviețui timp de mai multe luni în natură. Chiar și în timpul unei plimbări, prietenul dumneavoastră cu patru picioare poate dobândi aceste ouă. Bineînțeles, ele pot fi găsite și în excrementele altor ființe vii. Acesta este locul unde există cel mai mare risc de infectare, deoarece adulmecarea acestor fecale infectate poate fi suficientă pentru a ingera ouăle sau larvele.

Există, de asemenea, riscul de infectare cu viermi dacă vă hrăniți câinele. În cazul în care carnea nu este încălzită corespunzător sau a fost congelată în prealabil, acest lucru se poate întâmpla rapid. Mai ales dacă îi dați de mâncare cu organe comestibile prietenului dumneavoastră cu patru picioare, pericolul este mare.

Așa cum am menționat mai devreme, există mai multe tipuri de viermi pe care Bulldog francez le poate contracta. Cele mai frecvente sunt probabil ascarisurile, urmate de tenii, anchiloame, biciul, viermii pulmonari și viermii inimii. Simptomele care apar pot fi la fel de variate.

De regulă, câinele afectat are diaree, care poate fi, de asemenea, presărată cu sânge.

Ar putea să vomite și să sufere de constipație.

Apetitul scade și, ca urmare, se observă o reducere a greutății.

Deoarece viermii privează câinele de nutrienți, există și riscul unei deficiențe semnificative a acestora.

Un semn foarte clar al unei infestări cu viermi este așa-numita "sălbăticire". Prietenul cu patru picioare suferă de mâncărimi, care apar în principal la nivelul anusului. Pentru a se freca, el își alunecă sferturile posterioare pe podea. Ochii pot deveni tulburi, iar blana zbârcită și mată. O infestare la cățel poate duce la dizabilități de dezvoltare. În unele cazuri, se poate dezvolta anemie în cazul în care câinele suferă de o infestare cu hookworms.

Dacă bănuiți că aveți viermi, ar trebui, desigur, să mergeți la veterinar. O infestare poate fi detectată printr-o probă de fecale.

O infecție cu viermi nu este, de obicei, neapărat periculoasă pentru câinele dumneavoastră, atâta timp cât infestarea este recunoscută și tratată la timp. Dacă nu are loc niciun tratament, poate duce, desigur, la afectarea considerabilă a organelor și, prin urmare, poate fi fatală. Prin urmare, tratamentul trebuie inițiat cât mai curând posibil, inclusiv pentru propria dumneavoastră protecție, deoarece viermii pot fi, de asemenea, transmis la oameni.

Acest lucru are loc prin intermediul unei cure de viermi. Acesta este disponibil sub formă de pastă, tablete sau tincturi. Ingredientele active durează aproximativ 24 de ore și ucid paraziții. În cazul unei infestări severe, ar putea fi necesar un al doilea tratament.

Pentru a preveni o infestare cu viermi, este posibil să vă vermifugați câinele în mod profilactic la fiecare trei luni. În acest fel veți preveni problemele de sănătate în cazul unei infestări nedetectate. Cereți sfatul veterinarului dumneavoastră.

## Acarieni

Din nou, există diferite tipuri de acarieni care vă pot infesta câinele. În principal, aceştia sunt acarieni din foliculii de păr (numiți și acarieni demodex), acarieni de vizuină, acarieni din iarba de toamnă, acarieni din blană sau acarieni din urechi. Unele dintre aceste specii se transmit și la om.

În cele mai multe cazuri, o infestare cu acarieni provoacă mâncărimi severe. Cu toate acestea, simptomele individuale variază de la o specie la alta. Pe piele pot apărea pustule, solzi și altele asemenea, care sunt însoțite de o pierdere a blănii. Aşadar, dacă observați modificări severe ale pielii prietenului dumneavoastră cu patru picioare, o vizită la veterinar este absolut necesară. Acest lucru este valabil și în cazul în care câinele dumneavoastră se scarpină nefiresc de des la urechi, îşi ține capul strâmb sau dacă iese o secreție urât mirositoare.

În funcție de tipul de acarieni, terapia poate varia. Există diverse medicamente disponibile. Simptomele de pe piele sunt, de asemenea, tratate și, de obicei, are loc o deparazitare.

## Căpuşe

Împreună cu puricii, căpuşele sunt considerate purtătoare a numeroase boli periculoase. Deoarece prietenul dumneavoastră cu patru picioare este o creatură foarte curioasă și, prin urmare, dispare din când în când în subpădure sau pe o pajiște mare, mai devreme sau mai târziu va aduce căpuşele cu el acasă.

Trebuie să îndepărtați una sau mai multe căpuşe cât mai curând posibil. Cu cât acestea au mai mult timp șansa de a suge sânge, cu atât mai mare este riscul de a transmite o boală.

Din nefericire, aceşti dăunători nu pot fi reperați imediat, deoarece la început sunt atât de mici încât sunt uşor de trecut cu vederea. Abia atunci când căpuşa s-a alimentat cu mult sânge, devine mai mare și, astfel, vizibilă. În acest moment, însă, este posibil ca o infecție să fi avut deja loc.

Există vaccinuri împotriva unora dintre aceste boli; puteți citi mai multe despre ele în capitolul "Vaccinări". În caz contrar, aveți opțiunea de a vă proteja câinele în mod profilactic. Dacă locuiți într-o zonă de risc, ar trebui să asigurați o protecție împotriva căpușelor care să dureze tot anul. Este recomandabil să verificați corpul câinelui dumneavoastră pentru acești dăunători după fiecare plimbare.

Există locuri în care acești paraziți stau și mușcă cel mai mult. Acestea ar fi capul, picioarele și gâtul. Căpușele pot fi găsite mai ales în locuri greu accesibile și, de asemenea, acolo unde pielea este foarte subțire.

Este posibil ca simptomele unei boli transmise să nu apară decât la câteva luni după mușcătura de căpușă. În acest moment, probabil că nici nu vă gândiți la căpușa pe care ați luat-o de pe câinele dumneavoastră cu multe săptămâni în urmă. Din acest motiv, ar trebui să vă amintiți bine astfel de incidente, poate chiar să le notați. Aceste informații pot fi foarte importante pentru ca medicul veterinar să pună un diagnostic. Afecțiunile apărute sunt foarte nespecifice și pot indica și alte boli.

Cea mai frecventă boală este, probabil, **boala Lyme**. Aceasta poate varia în funcție de gravitate și este transmisă de "căpușa comună a lemnului". În caz de infecție, pot apărea febră și șchiopături. Articulațiile se pot umfla și poate apărea o pierdere a poftei de mâncare. În evoluția ulterioară, pot fi afectate și sistemul nervos și organele. Spre deosebire de noi, oamenii, aici nu apare așa-numita "roșeață rătăcitoare".

Boala Lyme poate fi determinată printr-o examinare a sângelui. Odată ce diagnosticul este confirmat, câinele afectat este tratat cu un antibiotic. Cu toate acestea, el nu este imun la o viitoare infecție și poate fi infectat din nou în orice moment.

Este disponibil un vaccin împotriva bolii Lyme. Veți afla mai multe despre acesta mai târziu.

Căpușa aluvială este responsabilă de **babesioză**. Agentul cauzal al acestei boli sunt niște paraziți unicelulare numiți babesia. Primele simptome apar după aproximativ 10 până la 21 de zile. Deoarece acești paraziți distrug celulele roșii din sânge, apare anemia. Alte semne însoțitoare ale bolii sunt febra, icterul și pierderea poftei de mâncare. Dacă infecția este foarte severă, întregul sistem de organe poate ceda și poate duce la moartea patrupedului afectat.

Diagnosticul se face prin examene de biologie moleculară. Terapia se realizează cu medicamente adaptate în mod specific acestui agent patogen.

**Ehrlichioza** afectează mai ales cățeii, care sunt mai expuși riscului decât animalele adulte. Din fericire, această bacterie este mai degrabă la ea acasă în regiunile tropicale, dar a fost detectată în cazuri izolate și în Germania. Diferite specii de căpușe sunt responsabile pentru transmiterea unei astfel de infecții, dar în Germania este vorba mai ales de "căpușa câinelui brun".

Pot apărea tulburări ale sistemului nervos, însoțite de febră, pierderea poftei de mâncare și, în consecință, scăderea în greutate. Perioada de incubație este cuprinsă între una și trei săptămâni.

Infecția cu Ehrlichia se detectează, de asemenea, prin intermediul unei examinări biologice moleculare. Alternativ, se poate efectua o determinare a anticorpilor din sânge.

Boala se tratează cu un antibiotic și este ușor de tratat în stadiul inițial. Cu toate acestea, dacă infecția este prezentă de ceva timp și s-a dezvoltat un tablou clinic cronic, lucrurile arată mai rău.

**Anaplasmoza** este transmisă în principal de "căpușa comună a lemnului", dar și de diverse alte specii de căpușe. Bacteria atacă celulele sanguine ale câinelui afectat.

În cele mai multe cazuri, nu există aproape niciun simptom sau nu există deloc. Cu toate acestea, pot apărea forme severe ale bolii, cu febră, șchiopătare, umflarea articulațiilor, pierderea poftei de mâncare și tulburări ale sistemului nervos.

Printr-un test de sânge, medicul veterinar poate detecta acest agent patogen și poate iniția un tratament cu un antibiotic.

**Meningoencefalita de vară timpurie poate** fi întâlnită și la om. Aici, însă, există un vaccin care, din păcate, nu este disponibil pentru câini. Virusul TBE este transmis de "căpușa comună a lemnului".

TBE pare să fie mai puțin periculoasă la câini, deoarece aceștia prezintă rareori simptome după infectare. De asemenea, această boală este diagnosticată destul de rar. Dacă apar semne, acestea sunt, de obicei, febră și pierderea poftei de mâncare. Cu toate acestea, pot apărea, de asemenea, simptome grave, cum ar fi tulburări de mișcare sau tulburarea stării de conștiență. De asemenea, sunt posibile modificări ale temperamentului câinelui. În acest caz, infecția este, de obicei, fatală.

Diagnosticul se stabilește prin intermediul unei examinări biologice moleculare. Din păcate, doar simptomele unei boli TBE pot fi tratate; nu există nicio altă posibilitate sau chiar protecție profilactică (cu excepția căpușelor însele).

# Purici

Din fericire, puteţi detecta o infestare cu purici destul de repede. Doar toaletarea regulată ar trebui să vă facă rapid să vă daţi seama de aceşti sublocotenenţi. Primele semne ar trebui să fie o nelinişte inexplicabilă şi scărpinarea frecventă.

Pentru un diagnostic sigur, aveţi nevoie de un pieptene pentru purici. Dacă vă piepteneţi prin blana câinelui dumneavoastră şi cad mici firimituri negre, puteţi presupune că acesta este infestat cu purici. Aceste firimituri sunt excrementele puricilor. Luaţi un prosop de hârtie umed şi frecaţi-le între ele. Dacă se transformă în maro-roşiatic, puteţi fi destul de sigur că aceşti oaspeţi nepoftiţi şi-au stabilit reşedinţa pe câinele dumneavoastră.

Acum aveţi întrebarea arzătoare de unde a luat puricii prietenul dumneavoastră cu patru picioare. Aceşti dăunători stau la pândă peste tot în aer liber şi simt rapid că se apropie o gazdă potenţială. Un salt rapid şi un "taxi" de hrană a fost deja găsit. În plus, ouăle şi pupele unui purice au capacitatea de a supravieţui timp de mai multe luni fără hrană. Dacă prietenul dumneavoastră cu patru picioare trece pe lângă ele, acestea se ancorează rapid în blană.

Puricii pot transmite diverse boli. De exemplu, puricele este considerat un purtător al teniei castravetelui câinelui. Prin urmare, o infestare cu purici presupune şi un tratament de deparazitare. În plus, puricii pot provoca o infecţie cu meningită. Această boală este foarte insidioasă şi poate fi fatală dacă nu este tratată. Mulţi câini sunt, de asemenea, alergici la saliva unui purice. Acest lucru poate provoca mâncărimi extrem de severe şi, ulterior, o inflamaţie purulentă a pielii. Febra pătată (numită anterior tifos) poate fi, de asemenea, transmisă de purici. Locul în care a muşcat puricele devine albastru-negru şi există mâncărimi intense. Pe măsură ce boala avansează, pot apărea febră, dureri la nivelul membrelor, dureri de cap şi opacifierea conştiinţei. Din fericire, febra pătată apare rar în Germania şi este, de obicei, adusă din alte ţări ca suvenir de vacanţă. Cu toate acestea, dacă este diagnosticată, boala trebuie să fie raportată.

Acum, însă, aceşti "oaspeţi" trebuie să plece cât mai repede, pentru ca nu cumva să se instaleze ciuma şi întregul apartament să fie "contaminat". Pentru aceasta este nevoie de un preparat care să combată toate etapele de dezvoltare a unui purice şi nu doar exemplarele vii. Dacă aveţi şi alte animale în gospodărie, şi acestea trebuie tratate. Dar acest lucru nu este suficient, pentru că pupele, ouăle şi larvele se pot afla şi în camerele de locuit. Aspirarea regulată şi temeinică este acum la ordinea zilei. Textilele şi obiectele care pot fi spălate trebuie puse în maşina de spălat la 60 °C. Există diverse spray-uri disponibile în magazine pe care le puteți folosi în mediul înconjurător al câinelui. Toate acestea înseamnă multă muncă pe care o puteți economisi în viitor, având în vedere și faptul că puricii pot transmite și boli periculoase pentru oameni.

Puteți să vă protejați câinele în mod profilactic. Există multe preparate diferite disponibile pe piață. De aceea, întrebați medicul veterinar ce produse ajută cel mai bine.

# BOLI GASTROINTESTINALE

Fiecare câine, nu numai Bulldog francez, poate avea probleme cu tractul gastrointestinal. Cu siguranță va fi afectat de una sau alta boală, chiar dacă este vorba "doar" de diaree. În rândurile de mai jos veți afla prin ce alte situații ar putea trece câinele dumneavoastră.

## Torsiune gastrică

Dacă prietenul tău cu patru picioare are o torsiune a stomacului, este important să acționezi rapid, deoarece aceasta este o urgență absolută. O torsiune gastrică are loc în mod acut și brusc. Încă nu se știe de ce se întâmplă. Se bănuiește că toracele este prea adânc, că câinele este foarte bătrân, că stomacul se umple repede și mai des (bucle atunci când mănâncă), că mâncarea se umflă, că există o schimbare bruscă a hranei, dar și că există un stres fizic după masă. Aici ați putea deja să luați măsuri de precauție parțiale pentru a exclude acești factori ca factori declanșatori ai torsiunii gastrice.

Astfel, unele rase mari de câini sunt mai predispuse la o torsiune a stomacului. Acest lucru se datorează faptului că ligamentele care țin stomacul în poziție sunt foarte slab formate aici. În anumite circumstanțe, care încă nu sunt clar înțelese, stomacul se poate roti în jurul axei sale longitudinale. Acest lucru ciupește esofagul și duodenul, cu consecința că alimentele nu mai pot fi transmise. Calea de întoarcere către esofag este, de asemenea, blocată. Gazele care se formează în timpul digestiei rămân, de asemenea, în stomac, deoarece nici ele nu mai pot ieși. Stomacul continuă să se umfle și apasă pe diafragmă, pe plămâni și pe inimă. Cu toate acestea, nu numai aceste organe sunt constrânse, ci și vasele de sânge și nervii, ceea ce duce, la rândul său, la o lipsă de sânge în întregul organism.

Pentru a putea acţiona rapid atunci când se întâmplă acest lucru, trebuie să ştiţi cum să recunoaşteţi torsiunea gastrică. De cele mai multe ori, simptomele apar foarte brusc. Nu trebuie să ignoraţi următoarele semne de alarmă: stomac umflat, căscat fără expectoraţie, dificultăţi la înghiţire şi salivaţie crescută, semne de durere, anxietate şi nelinişte. În plus, pot apărea dificultăţi de respiraţie, mucoase palide din cauza lipsei de circulaţie a sângelui şi slăbiciune generală sau apatie.

Dacă nu acţionaţi acum, aceasta poate duce la un şoc circulator şi, în consecinţă, la moartea câinelui. Aşadar, dacă observaţi un corp balonat, pe care îl veţi recunoaşte foarte bine de altfel, şi vărsături nereuşite la prietenul dumneavoastră cu patru picioare, consultaţi imediat un veterinar, dacă este necesar şi un serviciu de urgenţă.

În primul rând, animalul bolnav trebuie să fie stabilizat în starea sa. În acest scop, se administrează medicamente pentru durere şi o perfuzie împotriva şocului. În unele cazuri, este necesară şi administrarea de oxigen. În cazul în care există prea mult gaz în stomac, medicul veterinar va efectua o puncţie pentru a permite gazului să iasă.

Acum trebuie efectuată o operaţie cât mai curând posibil pentru a readuce stomacul în poziţia sa iniţială. După ce se face acest lucru, acesta este cusut la peretele abdominal pentru stabilizare. Riscul de torsiune gastrică viitoare este astfel redus semnificativ.

Pentru a continua recuperarea, prietenul dumneavoastră cu patru picioare va fi spitalizat pentru o perioadă de timp pentru observaţie. După ce se va fi recuperat suficient pentru ca circulaţia sa să rămână stabilă, vă puteţi lua din nou animalul acasă. Cu toate acestea, va trebui să participaţi la câteva consultaţii de control pentru a vă asigura că totul se vindecă bine.

## Diareea

În cazul în care câinele dumneavoastră suferă de diaree, este cu siguranţă ceva în neregulă cu tractul gastrointestinal. Marele Danez ar putea avea, probabil, de asemenea, dureri de stomac sau febră. În cele mai multe cazuri, este o tulburare uşoară care va dispărea în trei zile. În acest caz, acordaţi-i prietenului dumneavoastră cu patru picioare multă odihnă şi oferiţi-i mese uşoare pentru stomac. Asiguraţi-vă că bea suficiente lichide, deoarece diareea deshidratează organismul.

În unele cazuri, însă, această diaree este doar un efect secundar şi există altceva în spatele ei. Dacă simptomele nu dispar în trei zile, vă rugăm să consultaţi un veterinar. Bineînţeles, ar trebui să faceţi acest lucru şi dacă aveţi senzaţia că câinele dumneavoastră se simte foarte rău.

Diareea poate fi cauzată de diverşi factori. Poate că Bulldogul tău francez a mâncat ceva greşit. A reuşit să golească coşul de gunoi sau a mâncat un animal mort pe drum? Ar putea fi vorba, de asemenea, de ingestia de momeală otrăvită sau de alte substanţe dăunătoare.

Dar ar putea fi şi din cauza dietei în general. Asiguraţi-vă că prietenul dvs. cu patru picioare primeşte doar hrană care este potrivită şi pentru câini. În plus, ar putea exista şi o intoleranţă la anumite alimente. Acest lucru ar trebui, desigur, să fie examinat de un medic veterinar.

În cazul în care prietenul dumneavoastră cu patru picioare este tratat cu medicamente, diareea ar putea fi, de asemenea, un efect secundar al medicamentelor administrate. Această circumstanţă trebuie clarificată şi cu medicul veterinar.

Dar poate că există şi o boală gastrointestinală. O infestare cu viermi ar putea fi, de asemenea, cauza diareei. În plus, diareea poate apărea ca efect secundar al multor alte boli. Prin urmare, o vizită la veterinar este importantă pentru a afla cauza.

Cum vă puteţi ajuta animalul de companie să se însănătoşească rapid? Dacă este vorba de o boală uşoară, cu puţine sau deloc simptome însoţitoare, observaţi-l îndeaproape în următoarele câteva ore. Oferiţi-i multă apă proaspătă pentru a nu se deshidrata. De asemenea, aruncaţi o privire la membranele mucoase, pentru că, dacă acestea sunt palide şi uscate, ar trebui să consultaţi un veterinar.

Nu-i daţi câinelui bolnav nicio mâncare în primele 24 de ore. Acest lucru va permite intestinelor să se refacă şi nu va favoriza diareea în continuare. După aceea, ar trebui să-i oferiţi o dietă uşoară timp de aproximativ 5-7 zile, deoarece stomacul şi intestinele ar putea reacţiona foarte sensibil acum. Oferiţi-i prietenului dumneavoastră cu patru picioare mesele în porţii mici pe parcursul zilei. Dacă diareea dispare şi se produc din nou fecale normale, puteţi reveni treptat la dieta obişnuită.

O astfel de dietă ar putea consta, de exemplu, din pui fiert, orez fiert şi brânză de vaci. În acest caz, consultaţi medicul veterinar, el sau ea vă va putea oferi sfaturi şi sprijin.

# Vărsături

Vărsăturile și greața pot însoți multe boli. Dacă observați că câinele dumneavoastră este extrem de bolnav, consultați imediat medicul veterinar. Dacă vărsăturile sunt de scurtă durată, supravegheați-l îndeaproape pe prietenul dumneavoastră cu patru picioare și fiți atenți la alte semne de boală.

Vărsăturile sunt considerate un reflex de protecție al organismului. În cazul în care câinele a mâncat ceva necomestibil, de obicei vomită pentru a expulza rapid substanțele toxice. Se observă adesea că prietenul cu patru picioare mănâncă iarbă înainte de a vomita, deoarece astfel este mai ușor să o provoace.

Alte motive pentru care câinele dumneavoastră poate vomita ar putea fi faptul că mănâncă prea repede. Dacă observați că își înghite mâncarea în grabă, trebuie să vă asigurați că o ia mai încet.

În plus, un corp străin înghițit ar putea fi de vină pentru vărsături. Verificați dacă este expulzat ceva. Dacă nu este cazul, iar prietenul dumneavoastră cu patru picioare continuă să facă gargară, duceți-l la veterinar.

Mâncarea nepotrivită sau otrăvirea pot fi, de asemenea, cauza vărsăturilor. Gândiți-vă cu atenție la ceea ce a mâncat recent câinele dumneavoastră. Este posibil să fi mâncat ceva neobservat care nu-i convine?

Inflamația gastrointestinală este, de asemenea, responsabilă de vărsături. Solicitați ca buldogul dumneavoastră francez să fie examinat amănunțit de un medic veterinar pentru a pune un diagnostic cert.

Nu în ultimul rând, ar putea exista o infestare cu paraziți, precum și o infecție virală sau bacteriană. Și în acest caz, trebuie să mergeți la veterinar pentru a obține clarificarea circumstanțelor.

Cu toate acestea, dacă observați vărsături neregulate care nu sunt legate de consumul de alimente și, în plus, se întind pe parcursul mai multor zile și săptămâni, ar putea fi un simptom însoțitor al unei alte boli.

Vărsăturile apar, de asemenea, în cazul bolilor de rinichi sau de ficat. Vărsăturile sunt observate și în diabet, în diferite boli tumorale și în boala Addison.

Cu toate acestea, forma și aspectul vomei oferă o mulțime de informații. Dacă are un aspect galben și spumos, înseamnă că se elimină acid gastric. Nu există nimic în stomac care ar fi putut fi factorul declanșator.

O culoare maronie indică resturi alimentare, dar poate fi vorba și de sânge. Dacă descoperiți fecale între vărsături, mergeți imediat la veterinar, deoarece ar putea fi vorba de o obstrucție intestinală.

Dacă vomită bucăți întregi de mâncare, prietenul dumneavoastră cu patru picioare a mâncat probabil prea repede. După ce a vomitat o dată sau de două ori, ar trebui să se termine. Vă rugăm să regândiți modul în care vă hrăniți câinele. Dacă câinele vomită imediat după ce a mâncat sau a băut apă, acest lucru ar putea fi un indiciu al unei obstrucții intestinale sau al unei torsiuni gastrice. În acest caz, există un pericol acut pentru viață și trebuie să consultați imediat un medic veterinar.

Dacă nu sunteți sigur, vă rugăm să vă adresați întotdeauna medicului veterinar, astfel încât câinele dumneavoastră să poată fi ajutat rapid și să se poată determina cauza.

Terapia este de obicei inițiată cu o perfuzie pentru a restabili fluidele pierdute la câinele bolnav. Vărsăturile acute pot fi oprite cu ajutorul anumitor medicamente. Pe baza descrierilor dumneavoastră despre cum arată voma și starea generală a animalului, se poate afla cauza. Este posibil să puteți aduce o mostră cu dumneavoastră. Tratamentul ulterior va depinde apoi de cauza vărsăturilor.

## Otrăvire

Otrăvirea se poate întâmpla mai repede decât credeți. Dar puteți face multe pentru a preveni ca aceasta să se întâmple de la bun început (cel puțin în casa dumneavoastră), deoarece știți deja cum să vă faceți apartamentul sau casa "anti-câine".

Cu toate acestea, dumneavoastră și prietenul dumneavoastră cu patru picioare nu sunteți protejați împotriva posibilității de a ingera ceva ce nu-i place câinelui dumneavoastră.

Primele semne de otrăvire sunt, de obicei, vărsăturile și diareea. De multe ori apare și o neliniște inexplicabilă și un mers instabil. Respirația este mai rapidă și bătăile inimii sunt crescute. Pot apărea sângerări din diverse orificii. Membranele mucoase au un aspect anormal, de exemplu, sunt palide sau albăstrui și/sau de culoare roșiatică. În plus, câinele afectat poate suferi de crampe și tremurături musculare, pot apărea și convulsii. Temperatura corpului poate fi prea ridicată sau prea scăzută. În cazuri extreme, pierderea cunoștinței poate duce la moarte.

În cazul tuturor acestor simptome, fie că apar individual sau împreună, desigur, vizitați imediat medicul veterinar - cu atât mai mult dacă ați observat cățelul dumneavoastră consumând ceva necunoscut. În orice caz, încercați să obțineți o mostră din mizeria ingerată, din voma sau din fecale, astfel încât să se poată pune rapid un diagnostic, deoarece cu cât se iniţiază mai repede tratamentul, cu atât cresc şansele de supravieţuire.

Uneori, medicul veterinar induce voma pentru a elimina substanţele din organism. În alte cazuri, se efectuează o spălătură gastrică. Pentru a stabiliza din nou circulaţia, se administrează o perfuzie, iar patrupedul rămâne sub observaţie la veterinar.

# BOLILE TIPICE ALE RASEI

Buldogul francez se poate lăuda cu o speranţă de viaţă lungă, ceea ce înseamnă că este un câine foarte sănătos în sine, în afară de problemele de sănătate consangvinizate. Cu toate acestea, acestea pot face viaţa dificilă pentru Bully-ul dumneavoastră. Aflaţi acum ce boli sunt deosebit de frecvente la Bulldogii francezi.

## Bolile oculare

**Din cauza pliurilor** excesive ale **pielii din jurul** ochilor, pot apărea adesea probleme, deoarece riscul de infecţie este ridicat dacă nu sunt menţinute uscate şi curate.

Obiectivul de reproducere al buldogului francez necesită o botă scurtă. Prin urmare, ochii nu sunt protejaţi de un nas lung, aşa cum se întâmplă în cazul altor rase. Din acest motiv, **ulcerele corneene** pot apărea în mod repetat. Acestea sunt atunci cauzate de ochii prea uscaţi, de leziuni, dar şi de arsuri chimice. O vizită la veterinar este indispensabilă în acest caz, deoarece un ulcer cornean trebuie tratat.

Un Bulldog francez adesea nu produce suficiente lacrimi, ceea ce duce la **uscăciunea** ochilor. Aici poate exista un defect genetic sau poate fi cauzat de administrarea anumitor medicamente. Ţesutul ochilor se inflamează, iar câinele afectat suferă de durere. De asemenea, poate provoca strabism şi o scurgere galbenă sau verde din ochi. Un medic veterinar vă poate ajuta pe dumneavoastră şi pe prietenul dumneavoastră cu patru picioare aici.

Ar fi posibilă şi apariţia unui aşa-numit "ochi de cireşe". Glanda, care se află în cea de-a treia pleoapă, membrana nictitantă, iese în afară din orbita ochiului. Aceasta seamănă cu o cireaşă, de unde şi denumirea de "ochi de cireşe". Şi în acest caz, trebuie să vizitaţi un medic veterinar cu patrupedul dumneavoastră.

De asemenea, buldogii francezi suferă mai frecvent de **glaucom** sau **cataractă**. În plus, se pot observa **malpoziţionarea pleoapelor** şi iritarea corneei din cauza prezenţei **genelor suplimentare. De** asemenea, pot apărea şi **desprinderi de retină.**

În mod similar, **conjunctivita** frecventă se datorează, de asemenea, acestei creşteri. Aceasta este cauzată de bacterii, paraziţi sau virusuri şi poate fi recunoscută prin ochii înroşiţi sau roz. De obicei, iese şi puroi sau mucus, iar patrupedul afectat clipeşte frecvent din ochi.

## Boli de piele

Veţi recunoaşte rapid problemele de piele dacă buldogul francez se scarpină frecvent, de exemplu. Acest lucru duce la pierderea blănii şi la iritarea pielii cu formarea mătreţii. În falduri se dezvoltă rapid umezeala, iar murdăria şi praful pot rămâne blocate. Prin urmare, trebuie să acordaţi o atenţie deosebită aici şi să curăţaţi şi să uscaţi pliurile câinelui dumneavoastră în mod regulat.

## Boli ale scheletului

**Coloana vertebrală** a unui Bulldog francez este curbată în sus. Această circumstanţă a fost cauzată de obiectivul de reproducere a acestei rase. Din nefericire, pe măsură ce câinele îmbătrâneşte, acest lucru duce la dureri şi probleme cu defecarea şi urinarea.

În plus, **hernia de disc poate fi** observată la Bulldogul francez. Cu cât câinele este mai în vârstă, cu atât pericolul este mai mare. Într-un astfel de caz, nervii şi măduva spinării sunt strivite de corpurile vertebrale şi apar dureri considerabile şi, uneori, paralizia extremităţilor. Adesea trebuie să se efectueze o intervenţie chirurgicală.

## Boli respiratorii

Obiectivul de reproducere al unui Bulldog Francez prescrie o faţă cu nasul bont. Acest lucru nu numai că provoacă probleme cu ochii, dar afectează şi respiraţia. Ţesuturile situate în partea din spate a gâtului şi a nasului sunt comprimate, ceea ce, la rândul său, provoacă **"sindromul obstructiv brahicefalic al căilor**

**respiratorii".** Dacă nasul este puțin mai lung și, prin urmare, nările sunt mai largi, riscul acestei boli este redus.


# BOLI GENETICE

Datorită creșterii speciale a Bulldogului francez, pot apărea boli moștenite genetic. Veți afla care sunt acestea și cum le puteți recunoaște în rândurile următoare.

## Boala Willebrand

Această boală este cunoscută și sub numele de "sindromul von Willebrand". Aceasta este o tulburare de coagulare a sângelui care poate fi transmisă la urmași. Lipsește așa-numitul "factor von Willebrand". Această boală este împărțită în trei grupe. În cazul în care sunt prezente tipurile severe doi sau trei, câinele afectat nu trăiește, de obicei, mai mult de un an.

Simptomele sindromului von Willebrand sunt sângerările la nivelul membranelor mucoase, sângerările la nivelul pielii sau al țesutului subcutanat (vânătăi inexplicabile) sau sângerările extreme după o operație. În plus, pot apărea sângerări nazale bruște și cățelele pot fi în călduri pentru o perioadă de timp excesiv de lungă. În timpul schimbării dinților, există o sângerare disproporționată a gingiilor.

În cazul în care prietenul cu patru picioare este afectat de tipul doi sau trei, aceste sângerări apar încă de la vârsta de cățeluș. În cazul unei boli de tip 1, ar putea fi prezentă doar o ușoară deficiență a factorului von Willebrand. În acest caz, ar fi necesară o intervenție chirurgicală pentru a provoca o hemoragie atât de severă și a face astfel această boală recognoscibilă.

În funcție de locul în care apar aceste sângerări, viața câinelui afectat poate fi, de asemenea, pusă în pericol în mod acut. Sângerările pot avea loc, de asemenea, la nivel intern și, prin urmare, nu sunt vizibile imediat.

Medicul veterinar pune un diagnostic prin determinarea nivelului plasmei sanguine. Tratamentul se efectuează prin intermediul unei transfuzii de sânge care conține niveluri bune de factor von Willebrand pentru a le restabili la câinele bolnav.

Câinii de reproducție care suferă de această boală nu mai pot fi folosiți pentru reproducție.

# Achondroplazie

Achondroplazia este o statură scurtă. Bulldogii francezi sunt crescuți pentru a avea picioare foarte scurte și un cap la fel de scurt. Prin urmare, nu este improbabil ca unele exemplare să sufere de această boală la nivelul întregului sistem scheletic.

Apar tulburări de creștere, prin care oasele și cartilajele sunt scurtate. Creșterea până la dimensiunea necesară este limitată, iar patrupedul afectat rămâne mai mic decât ar trebui. Apar tulburări de mișcare și, uneori, poate fi observată și o curbură a coloanei vertebrale.

Achondroplazia poate fi transmisă de părinți la descendenți, deoarece este o mutație genetică. Prin urmare, câinii de reproducție afectați nu mai sunt autorizați pentru reproducere ulterioară.

Diagnosticul poate fi stabilit prin intermediul testelor de sânge, al testelor ADN sau al radiografiilor. Din păcate, nu există o terapie curativă.

# Boli ale glandei tiroide

Problemele cu glanda tiroidă nu sunt neobișnuite la Bulldogul francez. Dacă Bully-ul dumneavoastră suferă de boli de piele, de exemplu, o funcționare defectuoasă a glandei tiroide poate fi cauza.

Simptomele inițiale sunt exprimate prin lingerea compulsivă a labei. Este posibil să se fi format chisturi între degetele de la picioare. O blană zbârcită și ternă, precum și pierderea stratului de păr ar putea fi, de asemenea, primele semne ale unei disfuncții tiroidiene. În cazul în care prietenul dumneavoastră cu patru picioare și-a pierdut starea de altfel bună și, de asemenea, este reticent la mișcare sau manifestă o lăcomie neobișnuită, glanda tiroidă ar putea fi, de asemenea, cauza problemei.

Medicul veterinar poate determina rapid dacă glanda tiroidă este afectată. Există diverse medicamente disponibile care corectează rapid disfuncția și fac ca simptomele să dispară după o perioadă scurtă de timp. Cu toate acestea, Bully-ul dumneavoastră va avea nevoie de aceste medicamente pentru tot restul vieții sale.

# Saci anali înfundate

Din nefericire, este comun ca buldogii francezi să sufere de glande anale blocate. Primele semne ale acestui lucru sunt linsul constant în regiunea anală sau aşa-numitul "sledging", care este, de asemenea, adesea observat în cazul unei infestări cu viermi.

Medicul veterinar vă va scuti patrupedul de această problemă prin stoarcerea sacului anal, eliminând astfel presiunea.

Pentru a vă asigura că glandele anale sunt curăţate în mod natural în viitor, asiguraţi-i câinelui dumneavoastră suficientă mişcare şi o digestie bună printr-o dietă sănătoasă.

## Brahicefalia

Brahicefalia este o deformare a craniului. Acest lucru este reprodus la buldogul francez. O puteţi recunoaşte după "botul deprimat" al câinelui, întregul cap este considerabil scurtat.

Această împrejurare cauzează dificultăţi în respiraţie, deoarece căile respiratorii sunt, de asemenea, mult prea scurte. În plus, palatul moale, laringele şi conca nazală au o formă anormală.

Rezultatul a toate acestea este că un buldog francez nu este capabil să-şi regleze temperatura corpului, ceea ce poate fi foarte periculos pentru el, mai ales în timpul verii. Ar trebui evitate eforturile fizice mari, pentru ca acesta să nu sufere un atac de căldură.

Această boală a apărut doar prin obiectivul de reproducere a buldogului francez. Acest cap scurt este cerut în standard, care este cauza brahicefaliei. Pentru ca această rasă să se simtă mai bine în viitor, apelurile pentru o schimbare a standardului de creştere au devenit între timp foarte puternice, pentru că este o rasă chinuită.

În cazul în care deformările craniului sunt foarte grave, este posibil să se facă o intervenţie chirurgicală pentru a ajuta câinele să respire.

Dacă intenţionaţi să zburaţi cu Bulldogul francez cu avionul, vă rugăm să vă informaţi dacă compania aeriană pe care aţi ales-o transportă această rasă. Unii câini au murit pentru că au această problemă respiratorie şi multe companii aeriene nu transportă Bulldogii francezi din acest motiv.

## Displazia articulaţiei şoldului

Această boală afectează, de obicei, rasele de câini de talie mai mare, dar HD nu este exclusă la Bulldogul francez. Această deformare a articulaţiei şoldului este o boală ereditară. Capul femurului nu se potriveşte corect în cavitatea şoldului.

Acum se provoacă iritații la fiecare mișcare, ceea ce poate duce la dureri considerabile și artroză severă.

Simptomele displaziei de șold pot fi destul de variabile. Unii câini afectați prezintă semne ușoare doar după o activitate intensă. În cele mai multe cazuri, câinele are dificultăți în a se ridica în picioare și este posibil să nu se mai miște la fel de mult. Mersul său poate părea instabil și rigid. Uneori, picioarele din spate sunt târâte și ghearele se târăsc pe sol.

Deci, dacă observați orice caracteristici neobișnuite la Bulldog francez, duceți-o la veterinar, astfel încât să se poată face un diagnostic. Acest lucru se face prin efectuarea unei radiografii a șoldului. Imaginile pot fi folosite pentru a determina amploarea HD. Severitatea este clasificată în funcție de alfabetul de sus în jos. "A" înseamnă că acel câine nu suferă de displazie de șold. Categoria "B" arată un mers șovăitor spre rigid, câinele prezintă așa-numitul "fund șubred". "C" diagnostichează HD ușoară, în timp ce la "D" picioarele din spate se încrucișează la trot. În categoria "E" veți găsi câini cu HD severă.

Displazia de șold nu se poate vindeca. Cu toate acestea, există diverse terapii care permit câinelui să ducă o viață cât mai lipsită de durere. În cazul în care HD nu este încă atât de severă, tratamentul conservator poate fi folosit pentru a încerca să atenueze simptomele. Acest lucru include, în primul rând, reducerea oricărui exces de greutate și continuarea evitării exercițiilor fizice inutile. Câinele afectat nu ar trebui să fie așezat pe un teren rece sau umed. Un fizioterapeut poate ameliora durerea cu ajutorul anumitor terapii.

În cazul în care durerile persistă, se utilizează medicamente pentru durere. Dacă s-a dezvoltat deja artroza, aceasta trebuie, de asemenea, tratată. Întotdeauna duceți-vă Marele Danez la veterinar în mod regulat, chiar dacă credeți că nu are dureri.

În cazurile mai grave, sunt disponibile diverse opțiuni chirurgicale. Ultima etapă posibilă ar fi înlocuirea șoldului bolnav cu un implant.

În cazul în care un câine sau o cățea de reproducție suferă de HD, acest animal nu mai poate fi, desigur, utilizat pentru reproducere. Pentru multe rase există obligația de a dovedi starea de sănătate a animalelor de reproducție. Numai după acest test este permisă utilizarea lor pentru reproducere. Cu toate acestea, nu poate fi niciodată exclusă sută la sută apariția displaziei de șold.

Cu cât HD este recunoscută mai devreme, cu atât mai bine pot fi luate măsuri de combatere. Această boală este cel mai probabil să apară la căței și, dacă este recunoscută ca atare de către proprietar sau de către crescător, pot fi folosite unele metode chirurgicale noi pentru a conserva articulația șoldului afectată. Ulterior, este de obicei necesară o operație foarte costisitoare pentru a oferi câinelui o viață demnă de a fi trăită.

Prin urmare, se recomandă examinarea șoldurilor în primul an de viață al câinelui (în special la rasele pe cale de dispariție, cum ar fi Bulldogul francez). În cazul în care primele semne externe sunt deja vizibile, de obicei există deja o deteriorare a șoldului. Prin urmare, ați putea evita costuri veterinare ridicate mai târziu și, cu un diagnostic precoce, ați putea permite câinelui dumneavoastră să trăiască o viață fără dureri, deoarece opțiunile de tratament sunt mult mai bune la o vârstă fragedă.

## Displazia cotului

Displazia articulațiilor cotului este, de asemenea, o boală ereditară și nu poate fi vindecată. Doar simptomele pot fi ameliorate. În acest caz sunt disponibile diverse intervenții chirurgicale, dar în cazurile ușoare este posibil să nu fie nevoie să se facă deloc acest lucru.

Articulația cotului este formată din ulna și radius. Într-o stare sănătoasă, acestea se potrivesc perfect și mișcă articulația. În acest scop este prevăzută și o pernă protectoare, cartilajul articular.

În cazul în care există anomalii în această interacțiune, articulația nu mai poate funcționa corect și există puncte de contact între oase. Acest lucru duce, la rândul său, la iritații, inflamații și, ulterior, la artroză. Astfel de malpoziții în articulație sunt ereditare. Dacă această circumstanță nu este observată pe o perioadă mai lungă de timp și, prin urmare, nu este tratată, câinele afectat va avea dureri mari în timp și va deveni șchiop.

Predispoziția genetică la DE este prezentă, iar dacă se adaugă și alți factori, debutul bolii este pre-programat. Aceștia pot fi, de exemplu, o creștere rapidă în perioada de cățeluș, deoarece prietenul cu patru picioare a fost hrănit cu o hrană cu un conținut energetic foarte ridicat. Un aport excesiv de diverși nutrienți poate, de asemenea, să favorizeze displazia de cot. În cazul în care câinele suferă de supraponderabilitate, ceea ce este adesea cazul buldogilor francezi, acest lucru poate duce, de asemenea, la apariția bolii, deoarece articulațiile sunt solicitate în mod excesiv. De asemenea, ar trebui să excludeți mișcările unilaterale ale câinelui, pentru că și acest lucru provoacă un stres excesiv asupra articulațiilor, ceea ce poate duce în cele din urmă la displazia de cot.

Primele simptome sunt reticența câinelui de a se mișca. Aceasta este adesea însoțită de șchiopături la nivelul picioarelor din față. Acest lucru poate apărea sporadic şi poate dispărea din nou, dar poate fi, de asemenea, permanent. Patrupedul afectat pare ţeapăn atunci când tocmai s-a ridicat în picioare şi nu va mai efectua anumite acţiuni, cum ar fi urcarea scărilor sau săritul pe o piesă de mobilier. Articulaţia cotului afectat este limitată în mobilitate, iar câinele simte durere aici. Acest lucru provoacă, de asemenea, sensibilitate la atingere. Patrupedul adoptă o poziţie de protecţie pentru a suprima durerea. Fie întoarce laba spre exterior, fie apasă piciorul pe lângă corp.

Dacă recunoaşteţi unul sau mai multe dintre aceste semne, duceţi-vă Bully la veterinar pentru a se putea pune un diagnostic precis. Acest lucru se face prin efectuarea unei radiografii a articulaţiei cotului care este probabil bolnavă. O tomografie computerizată poate fi, de asemenea, necesară pentru a determina tipul de boală, deoarece există diferite tipuri de ED. De acest lucru depinde şi terapia ulterioară.

În cazul în care este nevoie de o intervenţie chirurgicală, aceasta este în primul rând pentru a se asigura că orice inflamaţie prezentă este tratată şi că iritarea cauzată de frecarea oaselor este eliminată. Sunt îndepărtate umflăturile şi pot fi folosite metode pentru a încuraja creşterea de material osos nou.

Cu toate acestea, în cazul în care câinele dumneavoastră nu suferă încă de dureri permanente, pot fi luate în considerare şi tratamente alternative. Acestea ar putea fi, de exemplu, terapia cu analgezice adecvate sau injecţii cu acid hialuronic. În plus, trebuie acordată atenţie greutăţii câinelui, astfel încât articulaţia să nu fie stresată inutil. Pentru a evita o astfel de supraîncărcare, prietenul cu patru picioare nu trebuie să efectueze mişcări care implică, de exemplu, schimbări rapide de direcţie sau sărituri. Se recomandă exerciţii de mişcare adecvate efectuate de un fizioterapeut pentru câini, astfel încât muşchii să fie refăcuţi şi să stabilizeze articulaţia.

După cum s-a menţionat deja, displazia articulaţiei cotului nu poate fi vindecată, dar simptomele pot fi ameliorate în aşa măsură încât câinele afectat să poată continua să trăiască fără dureri pentru o perioadă lungă de timp.

# Luxația rotuliană

În unele cazuri, luxația rotuliană este observată la Bulldogul francez. Rotula nu se menține în poziția sa naturală și iese în afară. Acest lucru cauzează, în mod natural, dureri considerabile câinelui afectat. Acesta începe să se împingă și își împinge piciorul afectat înapoi atunci când merge. Acest lucru face ca rotula să alunece înapoi în poziția sa inițială și câinele merge din nou normal; până când rotula devine din nou independentă.

În cele mai multe cazuri, șanțul de alunecare nu este format corect din cauza unui defect genetic și, prin urmare, nu poate menține rotula în poziție. Din când în când, este prezentă și artroza sau o tulburare metabolică.

Medicul veterinar poate determina cauza predominantă a luxației patelare. Dacă există o modificare genetică, intervenția chirurgicală poate fi de ajutor. În caz contrar, cauzele problemelor patelare trebuie tratate cu prioritate.

# Megaesofagul

Această boală se referă la o mărire a esofagului. Esofagul este un mușchi care este contractat în stare sănătoasă. În cazul în care este prezent megaoesofagul, există aer în acest mușchi, care îl extinde în mod patologic. Câinele afectat are probleme considerabile cu ingerarea alimentelor și cu înghițirea.

Cauza megaoesofagului este, de obicei, o predispoziție genetică. În acest caz, această afecțiune este deja foarte vizibilă la un câine tânăr. Cu toate acestea, această boală se poate dezvolta și în timp. Adesea este prezentă o boală musculară, care de obicei afectează doar esofagul, dar poate fi însoțită de o slăbiciune musculară generală. O leziune a trunchiului cerebral poate fi, de asemenea, motivul pentru o mărire a esofagului, la fel ca și diverse boli infecțioase sau chiar otrăviri. Vărsăturile frecvente, care pot duce, de asemenea, la inflamarea esofagului, pot declanșa mega-esofagul. Cu toate acestea, boala Addison și diverse tipuri de tumori ar putea fi, de asemenea, responsabile. În cele din urmă, există, de asemenea, posibilitatea să nu se găsească nicio cauză, caz în care se numește "megaoesofag idiopatic".

Un prim semn al acestei boli este vărsăturile după ce mănânci. Cu toate acestea, nu este vorba chiar de vărsături, ci în acest caz se numește "regurgitare". Mâncarea nici măcar nu este transportată în stomac. Ea rămâne în esofagul mult prea larg și patrupedul o îneacă din nou. Deoarece resturile de mâncare pot ajunge și în trahee, există și pericolul unei pneumonii. Dacă aceasta apare, câinele afectat suferă și de febră și tuse, precum și de oboseală.

Dacă boala rămâne nediagnosticată pe o perioadă mai lungă de timp, câinele va pierde foarte mult în greutate.

Bineînțeles, o vizită la veterinar este necesară. În primul rând, orice pneumonie trebuie tratată și trebuie pus un diagnostic de megaoesofag. Acest lucru se face prin intermediul unei radiografii sau al unei endoscopii a esofagului. Ce terapie este posibilă depinde de tipul de boală. Dacă există boli anterioare care ar fi putut provoca dilatarea esofagului, acestea sunt tratate cu prioritate. Dacă acestea pot fi tratate cu succes, esofagul își poate relua și el funcția normală în majoritatea cazurilor.

Megaoesofagul genetic este incurabil. Poate că dilatarea esofagiană poate fi eliminată prin intervenție chirurgicală, dar acest lucru nu este sigur. Pe viitor, va trebui să fiți foarte atenți ca prietenul dumneavoastră cu patru picioare să păstreze suficientă mâncare cu el și ca aceasta să fie transportată și în stomac. Mâncarea uscată și bucățile tari de hrană nu trebuie neapărat date în această stare, ci mâncare moale și moale.

Pentru dumneavoastră, acest lucru înseamnă că trebuie să vă hrăniți câinele în mod activ de acum încolo. Pentru ca mâncarea să alunece în stomac, prietenul dumneavoastră cu patru picioare trebuie să fie în poziție verticală. Capul și gâtul trebuie să fie îndreptate în sus în timp ce animalul se află în poziția "așezat". Acum dați-i mâncarea de sus, pentru ca aceasta să poată "aluneca" până în stomac. Trebuie să vă asigurați că câinele dumneavoastră păstrează această poziție timp de până la o jumătate de oră după ce a mâncat, pentru ca totul să ajungă cu adevărat în stomac și nimic să nu rămână blocat în esofag. Rația zilnică trebuie administrată în mai multe mese mici pe parcursul zilei, astfel încât esofagul să fie cruțat.

# BOLI GENERALE

Până acum, ați făcut cunoștință cu multe boli de care ar putea suferi Bulldog francez. Cu toate acestea, există, bineînțeles, mult mai multe care nu pot fi toate enumerate aici.

În general, dacă observați orice anomalie la câinele dumneavoastră, fie ea fizică sau comportamentală, duceți-l la veterinar. Doar aici puteți fi ajutați cu adevărat amândoi.

De exemplu, dacă câinele dumneavoastră tușește sau strănută frecvent, dacă are un miros urât mirositor care îi iese din gură sau dacă observați diaree și/sau vărsături, mergeți la veterinar. O vizită la cabinet este, de asemenea, esențială în cazul unor modificări ale blănii sau al șchiopătărilor.

Anomaliile comportamentale se pot manifesta, de exemplu, prin pierderea poftei de mâncare. De asemenea, pot fi reticenți la mișcare și extrem de obosiți. În cazul în care câinele dumneavoastră se lipește brusc de dumneavoastră ca de miere sau alunecă pe podea cu partea din spate, vă rugăm să îl duceți și la veterinar.

Dacă prietenul dumneavoastră cu patru picioare este deja un câine mai în vârstă, bolile legate de vârstă pot apărea în mod natural. În acest caz, inima, rinichii și/sau ficatul sunt adesea afectate.

Sunteți parțial responsabil pentru sănătatea câinelui dumneavoastră. Puteți face multe pentru a vă asigura că animalul dvs. de companie este cât mai lipsit de simptome până la bătrânețe. În primul rând, acest lucru include o dietă sănătoasă și echilibrată și exerciții fizice care să satisfacă nevoile câinelui dumneavoastră. Aflați în rândurile următoare ce măsuri puteți lua pentru a oferi o bună îngrijire preventivă.

## ASISTENȚĂ MEDICALĂ

Desigur, fiecare proprietar de câine își dorește doar ce este mai bun pentru animalul său de companie. Acesta ar trebui să rămână cât mai sănătos posibil până la bătrânețe. Primele lucruri pe care le puteți face singuri pentru a vă asigura de acest lucru sunt exercițiile fizice în aer liber adecvate rasei și o dietă sănătoasă și echilibrată. O bună igienă și îngrijirea generală a prietenului dumneavoastră cu patru picioare sunt la fel de importante. Cu aceste câteva acțiuni, puneți primele pietre de temelie pentru o viață sănătoasă a câinelui.

Pentru a păstra această stare și pentru a putea detecta posibilele boli într-un stadiu incipient, prezentați Bulldogul francez la medicul veterinar la intervale regulate. Acesta va efectua apoi un control de rutină pentru a evalua starea generală. În cazul în care există neconcordanțe, se pot lua măsuri imediate și se poate iniția un tratament ulterior.

Există diferite vaccinuri disponibile pentru anumite boli care pot apărea. Unele dintre ele sunt vaccinuri obligatorii pe care câinele dumneavoastră ar trebui să le primească în orice caz, altele sunt așa-numitele vaccinuri opționale care sunt folosite doar în caz de nevoie.

Prin urmare, o protecție vaccinală suficientă joacă un alt rol foarte important în asigurarea unei bune sănătăți pentru câinele dumneavoastră și îi permite să îmbătrânească fără să se plângă.

# Vaccinări

Vaccinările pot salva viața câinelui dumneavoastră în anumite circumstanțe. Cunoașteți această practică din medicina umană și nu este diferită pentru prietenii cu patru picioare. Vă protejați câinele de boli infecțioase care pot fi și fatale.

De ce este necesară o bună protecție prin vaccinare? Din nefericire, există mulți prieteni cu patru picioare care nu pot sau nu pot fi vaccinați din motive de sănătate. Dacă acum dețineți un astfel de câine, este foarte important ca și câinii din vecinătate să aibă protecție vaccinală. Dacă prietenul dumneavoastră cu patru picioare are acum o boală contagioasă pentru care sunt disponibile vaccinuri, animalele din vecinătate sunt mai puțin expuse riscului și boala nu se va răspândi.

În acest scop, ar trebui să se urmărească imunitatea colectivă, cu cel puțin 70 % din toți câinii vaccinați. Aceasta este singura modalitate de a proteja întreaga populație.

Prin urmare, anumite vaccinări sunt "obligatorii". Asigurați-vă cu strictețe că Marele Danez are imunizarea de bază împotriva următoarelor boli și că se păstrează rapelurile. Dacă este necesar, adresați-vă medicului veterinar dacă nu sunteți sigur.

## *Vaccinări obligatorii*

### Caracatița

Virușii bolii de Carré se pot instala în tractul gastrointestinal, în tractul respirator și în sistemul nervos. Prin urmare, simptomele, care pot apărea împreună sau unul după altul, sunt foarte diferite. Pot apărea diaree, vărsături și febră. În plus, pot apărea tuse, paralizie și o secreție din nas. În cazul unor infecții foarte grave, poate fi, de asemenea, fatală pentru câine.

Virusul bolii de Carré poate fi transmis nu numai de la un câine la altul, ci și prin intermediul obiectelor contaminate cu care un animal infectat a intrat în contact. Din fericire, acesta nu vă poate afecta pe dumneavoastră, în calitate de proprietar de câine.

De când a fost introdusă vaccinarea împotriva bolii de Carré în 1960, această boală a fost în mare parte redusă la câinii domestici. Cu toate acestea, boala este încă foarte frecventă în mediul sălbatic şi, prin urmare, infecția nu poate fi exclusă.

## Parvovirus

Acest virus este extrem de contagios şi chiar şi adulmecarea resturilor contaminate de la alte ființe vii poate fi suficientă pentru a fi infectat. Semnele parvovirozei sunt vărsături, diaree (cu sânge) şi febră. Pe măsură ce boala avansează, poate provoca şi probleme cu inima. Este posibilă şi inflamarea pancreasului. Parvovirusul nu este periculos pentru oameni.

Infecția are loc prin contactul cu un câine infectat. Excrementele animalelor bolnave sunt, de asemenea, contagioase. Cei mai afectați sunt câinii care nu au protecție prin vaccinare împotriva acestei boli. Animalele cu un sistem imunitar slăbit sunt deosebit de expuse riscului.

Mai presus de toate, cățeii pot lua virusul de la mama lor dacă aceasta nu este vaccinată. Chiar dacă supraviețuiesc infecției, aceştia mor de obicei în primele trei luni de viață, deoarece virusul atacă muşchiul cardiac.

## Leptospiroză

Leptospiroza poate fi transmisă şi la om şi nu este inofensivă. În acest caz, se numeşte "zoonoză". Acest lucru face cu atât mai importantă o protecție vaccinală suficientă pentru câine.

Această infecție bacteriană provoacă, de obicei, febră, vărsături şi diaree. Se observă adesea oboseală generală. Cu toate acestea, aceste semne de boală pot indica, de asemenea, multe alte boli, motiv pentru care o infecție cu leptospiroză trece adesea neobservată.

În cazul unei infecții severe, ficatul şi rinichii sunt, de asemenea, atacați. Ca urmare, apar apoi insuficiența renală şi insuficiența hepatică. Un semn foarte tipic ar fi un icter emergent. În ultimul timp, s-a observat că aceste bacterii atacă din ce în ce mai mult şi plămânii, iar animalele bolnave suferă astfel de pneumonie. Aici pot apărea hemoragii, care sunt de obicei fatale pentru prietenul cu patru picioare.

O infecție se poate produce rapid dacă, de exemplu, câinele dumneavoastră are obiceiul de a bea din bălți. Aceste bacterii, care au fost anterior excretate în urina creaturilor infectate, le place să se distreze aici. Ele îşi croiesc drum spre organe prin intermediul membranelor mucoase sau al micilor leziuni ale pielii pentru a se instala acolo.

## Rabie

Rabia este, de asemenea, o "zoonoză". Acest lucru înseamnă, de asemenea, un mare pericol pentru oameni, deoarece aceştia pot fi infectaţi cu rabie.

Virusul rabiei afectează în principal sistemul nervos şi declanşează modificări grave. În cea mai mare parte, rabia se transmite prin muşcătura unui animal infectat. Uneori, este suficient şi contactul ochilor cu saliva contaminată. Din fericire, această boală a devenit foarte rară în Germania.

În cazul în care câinele dumneavoastră a contractat rabia, acesta va manifesta foarte repede un comportament neobişnuit de timid sau agresiv. În evoluţia ulterioară, apare paralizia, care afectează şi sistemul respirator. Pentru prietenul cu patru picioare înseamnă moarte.

Odată declanşată, rabia nu mai poate fi vindecată. Din păcate, nici măcar vaccinarea nu oferă o protecţie de 100% împotriva infecţiei. Prin urmare, un câine care a fost infectat cu rabie trebuie să fie vaccinat din nou în prima şi a treia zi după infecţie, astfel încât organismul să poată acumula anticorpii corespunzători şi să lupte împotriva virusului.

În cazul în care apar semnele tipice ale rabiei, câinele afectat va muri, de obicei.

## HCC (Hepatita contagioasă canină)

Această boală se mai numeşte şi "moartea infecţioasă a căţeluşilor". La temperatura camerei, acest virus poate supravieţui timp de câteva săptămâni.

Riscul de infectare este foarte mare dacă se ingeră alimente şi/sau apă care conţin urină. Timpul dintre infectare şi apariţia bolii este cuprins între patru şi şapte zile.

Virusul se răspândeşte prin nazofaringe şi, în cele din urmă, colonizează multe organe interne. Aici, celulele sunt deteriorate în aşa fel încât simptomele clinice devin vizibile.

Se poate dezvolta o inflamaţie a ochilor, a rinichilor şi a ficatului. Primele semne sunt, de obicei, cele ale unei inflamaţii acute a ficatului. Aceasta se manifestă apoi prin diaree şi vărsături, precum şi prin febră. Câinele afectat poate să nu mai mănânce, dar prezintă o nevoie crescută de lichide. El poate suferi, de asemenea, de dureri abdominale şi icter.

Agenţii patogeni ai hepatitei sunt excretaţi în urină atunci când câinele este liber şi reprezintă un mare pericol pentru ceilalţi câini. La câinii imunocompromişi, această boală poate duce la moarte.

## *Vaccinări elective*

Dacă este necesar, de exemplu, dacă doriţi să plecaţi în vacanţă cu câinele dumneavoastră sau dacă locuiţi într-o zonă cu risc special, îl puteţi vaccina împotriva următoarelor boli. Dacă nu sunteţi sigur ce vaccinuri sunt potrivite, cereţi sfatul veterinarului dumneavoastră.

### Leishmanioza

Aceasta este o boală în care paraziţii se instalează în fluxul sanguin al câinelui. Acestea sunt transmise de către musca de nisip, care este originară în principal din sudul Europei. Din păcate, acest tip de ţânţar este des întâlnit şi în Germania.

Aceşti paraziţi se cuibăresc în organele gazdei lor şi distrug celulele. Dacă nu se administrează tratament, câinele moare de obicei din cauza insuficienţei renale. O infecţie cu leishmanioză nu poate fi prevenită prin vaccinare, dar aceasta poate creşte acumularea de anticorpi, astfel încât câinele să nu se îmbolnăvească grav după o infecţie.

### Tuse de canicula

Vaccinarea împotriva tusei de canicula poate fi utilă în cazul în care câinele dumneavoastră se întâlneşte des cu alţi câini din aceeaşi specie. Acesta ar putea fi cazul dacă doriţi să vizitaţi o şcoală de câini sau un grup de joacă pentru căţei. De asemenea, va trebui ca prietenul dumneavoastră cu patru picioare să fie vaccinat împotriva tusei de canisa dacă este cazat într-o pensiune pentru câini.

Acest virus este foarte contagios şi se transmite prin infecţie cu picături. Acesta declanşează simptome respiratorii severe, care se manifestă printr-o tuse uscată şi extrem de neplăcută pentru câine. Câinii cu un sistem imunitar slab prezintă un risc mare de a contracta pneumonie şi de a muri din cauza acesteia, din cauza deficienţei imunitare existente.

### Boala Lyme

Dacă locuiţi într-o zonă cu risc de căpuşe, ar trebui să vă gândiţi la un vaccin împotriva bolii Lyme. Bacteria este transmisă de "căpuşa comună a lemnului". Această specie de căpuşă este cea mai frecventă în Germania.

Adesea, mușcătura unei astfel de căpușe rămâne fără consecințe, dar pot apărea febră, șchiopătare, oboseală și umflarea ganglionilor limfatici. Ar fi posibil ca primele semne ale bolii Lyme să apară abia după săptămâni sau luni și să fi uitat deja complet de căpușă. Dacă această boală rămâne nedetectată și, prin urmare, nu este tratată, poate duce la o inflamație cronică a articulațiilor.

Într-o zonă de risc în care riscul de infectare este deosebit de ridicat, ar trebui să se efectueze vaccinarea, în caz contrar, este suficient să se efectueze o protecție profilactică împotriva căpușelor.

### Ciuperca pielii

Câinii se pot infecta adesea cu infecții fungice ale pielii. Acest lucru este deosebit de periculos în adăposturile de animale sau în canisele de internat, deoarece ciupercile de piele se răspândesc rapid. Agentul patogen se transmite de la un câine la altul, dar este posibilă și infectarea prin intermediul obiectelor contaminate.

O infestare cu o ciupercă a pielii se remarcă în principal prin mâncărimi severe, căderea părului și formarea de solzi sau cruste pe zonele afectate ale pielii.

În cazul în care o infecție este deja prezentă într-o populație mai mare de câini, vaccinarea împotriva ciupercilor cutanate poate deveni eficientă ca terapie de însoțire.

## Vaccinarea de bază și vaccinările de urmărire

Pentru ca organismul câinelui să acumuleze anticorpi eficienți, trebuie urmată o anumită succesiune de vaccinări. Până în a opta săptămână de viață, micul cățeluș primește încă suficienți anticorpi prin laptele mamei, după care protecția scade încet și acum ar trebui să aibă loc primele vaccinări. De obicei, crescătorul se ocupă de primele vaccinuri, dar trebuie să vă ocupați singur de celelalte vaccinuri.

Imunizarea de bază asigură o primă acumulare de anticorpi. De regulă, se administrează trei injecții. Prima se administrează în a 8-a săptămână de viață, iar a doua și a treia în a 12-a și a 16-a săptămână de viață a cățelului. O ultimă vaccinare se face la vârsta de 15 luni.

Imunizarea de bază este acum completă. În mare parte, protecția prin vaccinare este acum reînnoită după trei ani.

# Efecte secundare

Bineînţeles, orice lucru bun are şi un dezavantaj, aşa că efectele secundare ale unui vaccin nu pot fi excluse. Pentru a le reduce la minimum, câinele dumneavoastră trebuie să fie absolut sănătos şi să fie deparazitat la momentul vaccinării. De asemenea, alţi paraziţi nu ar trebui să îl deranjeze pe prietenul dumneavoastră cu patru picioare, pentru ca organismul său să se poată concentra exclusiv pe vaccinul administrat.

Toate vaccinurile sunt aprobate de o comisie de vaccinare şi sunt, de obicei, bine tolerate de toţi prietenii cu patru picioare. Cu toate acestea, pot apărea efecte secundare neaşteptate, care se manifestă de obicei prin febră, oboseală, pierderea poftei de mâncare şi umflături la locul de injectare. Dacă acesta este cazul, acestea vor dispărea după cel mult o săptămână. Cu toate acestea, vă rugăm să vă informaţi imediat medicul veterinar şi să vă prezentaţi din nou câinele, dacă este necesar.

# Castrare/sterilizare

La un moment dat vă veţi întreba dacă ar trebui să vă sterilizaţi sau să vă castraţi prietenul cu patru picioare şi dacă această procedură este necesară.

Mulţi oameni au încă prejudecata că un câine mascul este sterilizat, iar o femelă este sterilizată. Această afirmaţie nu este adevărată, deoarece atât masculii, cât şi femelele pot fi fie castraţi, fie sterilizaţi.

Diferenţa dintre cele două opţiuni constă în faptul că castrarea presupune îndepărtarea completă a testiculelor sau a ovarelor, în timp ce sterilizarea presupune doar ligatura vaselor deferente sau a trompelor uterine.

Cu toate acestea, rezultatul este fundamental diferit. În cazul unei castrări reuşite, o sarcină a căţelei este exclusă şi, de asemenea, un câine mascul nu mai poate produce urmaşi după această operaţie. În cazul unei sterilizări, există întotdeauna un risc rezidual ca o concepţie sau o sarcină să apară în continuare.

În plus, în cele mai multe cazuri, sterilizarea duce la schimbări de comportament, deoarece hormonii nu mai sunt eliberaţi. Acesta este, de asemenea, motivul predominant pentru care un proprietar de câine doreşte să îşi sterilizeze animalul. Câinele devine mai calm, uneori şi mai leneş şi, prin urmare, poate apărea şi o creştere în greutate ca urmare.

În cazul în care patrupedul este "doar" sterilizat, modelul comportamental iniţial rămâne, deoarece producţia de hormoni continuă.

Ambele metode sunt utilizate în principal pentru a evita apariția unor descendenți nedoriți. Uneori, există și motive medicale pentru a face o astfel de operație. Și pentru că este vorba de o operație sub anestezie generală, riscurile trebuie, de asemenea, să fie bine cântărite în raport cu beneficiile.

Cu toate acestea, un câine nu poate fi sterilizat pur și simplu, acest lucru fiind interzis de actuala lege privind protecția animalelor. Dorința dumneavoastră de a elimina caracteristicile unui câine mascul sau femelă care vă sunt incomode nu este, prin urmare, un motiv valabil pentru a vă castra prietenul cu patru picioare. În orice caz, trebuie să existe o necesitate medicală și aici trebuie să vă consultați cu medicul veterinar.

În cazul în care câinele dumneavoastră mascul suferă de un stres hormonal grav, medicul veterinar va recomanda de obicei așa-numita castrare chimică pentru moment. Aceasta presupune plasarea unui microcip sub piele care eliberează hormoni speciali. Aceștia durează fie șase, fie douăsprezece luni. În timp, testiculele nu mai produc hormoni sexuali și nu se mai produc spermatozoizi.

Această procedură poate fi utilizată pentru a afla dacă comportamentul câinelui dumneavoastră mascul se schimbă în mod pozitiv sau negativ. Ulterior, puteți decide asupra unei castrări definitive.

La o cățea, o sterilizare poate, de asemenea, să aibă un efect invers. Dacă doamna este un câine foarte anxios, anxietatea se poate agrava și mai mult după operație. De asemenea, se poate observa că, după o castrare, cățelele manifestă o agresivitate crescută. Dacă apare un astfel de caz, următoarele măsuri educative sau terapii nu sunt, de obicei, încununate de succes. În cazul în care cățeaua dumneavoastră are deja un comportament foarte dominant, ar trebui să vă abțineți de la castrarea ei.

În toate cazurile, este indispensabilă o consultare cu medicul veterinar. Prezentați-vă prietenul cu patru picioare la cabinet și discutați cu el problema și, de asemenea, ce soluții sunt posibile pentru dumneavoastră și pentru câinele dumneavoastră.

## Îi este frig micului mastiff?

Da, această afirmație este destul de adevărată. Bulldogii francezi nu au blană inferioară. Cele mai multe rase de câini au un strat inferior de blană pentru a proteja câinele de condițiile meteorologice extreme. Deoarece francezii nu au un strat inferior de blană, ei îngheață mai repede iarna.

Puteți recunoaşte câinele îngheţat după cum tremură. Din când în când poate, de asemenea, să îşi tragă coada sau să meargă doar încet şi rigid lângă dumneavoastră. Acesta este modul său de a vă semnala că îi este foarte frig. Veţi observa aceste semne după aproximativ o jumătate de oră la temperaturi foarte scăzute.

În timpul iernii, se întâmplă rapid ca organismul câinelui să mute sângele de la picioare, urechi şi coadă spre mijlocul corpului pentru a reţine căldura aici. Extremităţile rămân atunci reci şi există pericolul formării de cristale de gheaţă în ţesuturi. Acest lucru duce apoi la leziuni grave ca o consecinţă.

Cu toate acestea, astfel de degerături nu sunt vizibile imediat pentru tine, pentru că există blană deasupra lor. Dacă vă uitaţi mai atent, veţi observa o culoare palidă spre gri a pielii. Această zonă se poate simţi deosebit de rece şi dură. Dacă există o degerătură severă, pielea de acolo pare de obicei neagră. Dacă aceste zone ar trebui să fie încălzite acum, acest lucru ar putea fi asociat cu dureri mari pentru câine.

În mod similar, Bulldogul francez poate deveni rapid hipotermic, mai ales dacă este expus la umezeală sau dacă este deja imunocompromis. În cazul hipotermiei uşoare, câinele dumneavoastră va începe să tremure şi extremităţile vor fi neobişnuit de reci. Dacă prietenul cu patru picioare nu este adus acum într-un mediu cald, ar putea deveni deprimat, letargic şi slăbit. Dacă hipotermia extremă este deja prezentă, aceasta se va manifesta prin rigiditatea muşchilor şi un ritm cardiac lent. Ca urmare, câinele afectat nu mai reacţionează la stimulii externi. O astfel de afecţiune pune în pericol viaţa Bully-ului dumneavoastră şi trebuie să îl încălziţi imediat.

Dar, pentru a preveni ca acest lucru să se întâmple în primul rând, obţineţi îmbrăcăminte adecvată pentru micul dvs. prieten. Poate părea o prostie pentru tine, dar îţi va ajuta foarte mult câinele. Nu uitaţi că el nu are un strat inferior de încălzire şi că trebuie să îl înlocuiţi iarna. Puteţi găsi în magazine haine sau pulovere foarte frumoase pentru prietenul dumneavoastră cu patru picioare şi poate aveţi în familie sau în cercul de prieteni pe cineva căruia îi place să tricoteze sau să croşeteze. În orice caz, Marele Danez vă va fi foarte recunoscător.

# Câine sfaturi de formare a câinilor

Puţini oameni sunt conştienţi de povara pe care o iau pe umerii lor atunci când se joacă cu ideea de a da o şansă creşterii unui câine. Cei care nu au nicio experienţă anterioară se pot simţi rapid copleşiţi. În cele mai multe cazuri, faptul de a fi copleşit duce la frustrare, ceea ce provoacă haos nu numai în viaţa proprietarului, ci şi în cadrul relaţiei dintre om şi câine. Viaţa de zi cu zi poate fi grav perturbată. Din acest motiv, capitolul următor va explica în detaliu primele începuturi ale dresajului canin, astfel încât să se poată construi o legătură intimă care să nu se bazeze pe frică şi pedeapsă, ci pe bunătate şi respect. În principal, micile obstacole din viaţa de zi cu zi sunt cele care pot duce la emoţii mari, de cele mai multe ori negative.

Se va acorda o atenţie deosebită consolidării pozitive. Aceasta este o tendinţă a timpurilor moderne, bazată pe faptul că un câine poate fi la fel de intimidat ca şi oamenii. Nu numai că câinele vine într-o casă nouă - uneori în stadiul de căţeluş - unde este nevoie să se orienteze, dar pentru câine urmează ore de învăţare care îl pot copleşi în acelaşi mod în care proprietarul este copleşit în rolul de profesor. Tendinţa este în concordanţă cu vremurile moderne, deoarece câinii obişnuiau să fie dresaţi fără a arunca o privire asupra consecinţelor; ei îndeplineau sarcini şi comenzi de frica pedepsei. Astăzi, în schimb, este vizată dominanţa naturală şi amabilă a stăpânului, sub care câinele se poate simţi în siguranţă şi în siguranţă.

## FORMAREA RESPECTULUI

Unul dintre cele mai importante aspecte în cadrul dresajului canin este dresajul de respect. O legătură respectuoasă poate fi construită doar prin încredere şi dominanţă.

În ultimii ani s-a demonstrat că un câine nu trebuie să fie dresat cu forţa. Nici măcar nu este nevoie de forţă pentru ca un om să îşi afirme supremaţia. În schimb, se foloseşte dominanţa naturală a omului. Acest lucru este mai dificil decât dresarea unui câine prin forţă, dar legătura rezultată este de multe ori mai plină de satisfacţii. Este o dominanţă care nu declanşează frica la câini, ci se lucrează cu aceeaşi dominanţă care se manifestă şi în cadrul muncii sau în viaţa privată: Este încrederea în sine. Următoarele exerciţii pot fi efectuate cu succes doar dacă stăpânul dă dovadă de un comportament încrezător în sine, calm şi suveran. Este important ca proprietarul să fie conştient de ce şi câtă putere ar putea exercita asupra câinelui. Respectiva dominanţă trebuie să fie radiată, dar pe o bază de amabilitate şi calm. Acest lucru trebuie menţinut chiar dacă unele exerciţii nu aduc un succes imediat.

În acelaşi timp, acest lucru înseamnă că persoanele care se luptă cu încrederea în sine ar trebui să se abţină de la creşterea unui câine. Ei ar trebui să înveţe mai întâi să îşi controleze încrederea în sine şi nu doar să se prefacă. În caz contrar, este aproape imposibil pentru câine să îşi ia în serios stăpânul şi să îi arate respectul cuvenit.

Primul lucru care trebuie aflat este dacă câinele este pregătit să recunoască prioritatea omului sau dacă poate simţi respectul. Un test simplu de încredere este potrivit pentru acest lucru. Testul poate fi efectuat de mai multe ori la intervale de câteva săptămâni sau luni, dar este important de reţinut că nu este un exerciţiu care vizează succesul. În schimb, este un test în care fiecare rezultat reprezintă un succes pozitiv, chiar dacă nu s-a putut obţine reacţia dorită.

Pentru ca testul să aibă succes, câinele trebuie să fie capabil să asculte comenzi simple. Una dintre aceste comenzi este aceea de a face câinele să stea jos. Este important ca stăpânul să meargă la nivelul ochilor şi să nu vorbească de jos către partenerul său - cel mai bine este să se ghemuiască lângă câinele său. În caz contrar, poate apărea dominarea forţată, care nu de puţine ori se termină cu frică. Atunci când proprietarul se află lângă prietenul său cu patru picioare, o mână poate fi plasată acum pe gâtul câinelui, în partea de sus. Aici este important să nu se folosească forţa. În schimb, ar trebui să fie un gest plăcut, chiar sub urechi. Acum, cu puţină presiune, capul poate fi îndreptat spre pământ. Din nou, nu trebuie folosită nicio forţă şi bărbia câinelui nu trebuie să atingă pământul, deoarece acest lucru poate fi foarte inconfortabil şi constrângător.

Pentru a obţine un rezultat, este necesar să se vadă câtă presiune trebuie să aplice proprietarul până când câinele său se conformează presiunii. Pot exista patru scenarii. De exemplu, câinele se conformează mişcării şi acceptă prioritatea omului, se conformează presiunii doar încet şi fără să vrea, arătând astfel că omul este tolerat, dar nu şi respectat, nu urmează mişcarea şi rămâne ferm, prin care câinele încearcă să îşi arate propria dominanţă, sau câinele îşi îndepărtează capul şi scutură mâna, ceea ce poate însemna că legătura nu este încă suficient de puternică pentru astfel de atingeri.

Testul poate fi repetat de mai multe ori în timpul antrenamentului. Scopul real este ca câinele să se conformeze mişcării atunci când mâna doar atinge blana. Acest lucru poate fi exersat pentru comenzi ulterioare, complicate sau pentru primul mare obstacol pentru echipa stăpân-câine: ieşirea la plimbare.

Doar rareori un câine prezintă metoda dorită la acest test. În schimb, va trebui să se lucreze în continuare la legătura dintre om şi companion. În funcţie de stadiul de acceptare în care se află câinele în momentul testului, se poate lucra la diferite exerciţii pentru a întări dominanţa naturală a omului.

Înainte de a descrie aceste exerciţii, este important să ne uităm la strămoşii câinelui: lupii. Într-o haită, se cristalizează un lider de haită care nu este ales, dar care îşi menţine poziţia prin puterea, dominaţia şi abilităţile sale de lider. Acest şef de haită are acelaşi statut ca şi un nobil uman. Comportamentul său este maiestuos şi suveran. Acest lucru înseamnă, de exemplu, că saluturile sunt aşteptate şi dorite, dar ignorate în acelaşi timp pentru ca puterea liderului de haită să poată fi demonstrată încă o dată. Această metodă face imposibil ca restul haitei să uite cine este liderul haitei şi ce putere poartă. Oamenii pot folosi acelaşi sistem pentru a-şi asigura din nou propria dominaţie.

Majoritatea proprietarilor de câini care nu lucrează cu câini în mod profesionist au dezvoltat de-a lungul anilor un ritual de dimineaţă cu câinele lor, care se poate manifesta în diferite moduri. Nu este neobişnuit ca înainte de micul dejun să aibă loc mângâieri extinse sau ca câinele să fie încurajat să se urce în pat cu stăpânul sau să sară pe acesta din urmă atunci când s-a dat jos din pat. Oricât de drăguţ ar fi un astfel de ritual, el ar trebui evitat cu atât mai mult. Comunicarea umană cu prietenul cu patru picioare ar trebui, de asemenea, evitată. Câinele nu este o fiinţă umană şi nu va fi niciodată. Cu toate acestea, unii stăpâni de câini încep să vorbească pe larg cu câinii lor imediat după ce se trezesc, similar cu o discuţie cu o altă fiinţă umană. Acest lucru se întâmplă, de obicei, în încercarea de a întări legătura dintre om şi câine, iar pentru persoanele care se simt singure sau care nu au prieteni sau familie în apropiere, o astfel de comunicare poate fi liniştitoare, dar nu contribuie la comportamentul pozitiv al câinelui. Pur şi simplu îi arată că poate scăpa nepedepsit cu un anumit comportament.

Trebuie reamintit faptul că şi câinii sunt la fel de încântaţi de revederea cu oamenii lor dimineaţa. Acest lucru duce la o emoţie negativă. Prin urmare, este mai bine să ignorați câinele timp de câteva minute dimineața, astfel încât acesta să se calmeze și apoi să nu mai sară la oameni. Acest lucru poate fi limitat la câteva minute, deoarece câinele ar trebui ignorat doar până când bucuria sa matinală s-a mai domolit puțin. După aceea, câinele poate fi salutat, dar și aici trebuie avut grijă să îl salutați într-un mod reținut. Cuvintele blânde sunt suficiente, la fel ca și mângâierile calme care nu excită din nou câinele. În acest fel, se poate demonstra dominanța naturală a omului, deoarece câinele este învățat că trebuie să se comporte calm înainte de a primi iubitele mângâieri ca recompensă. Comportamentul pozitiv este recompensat.

La fel ca și copiii, câinii sunt adevărați maeștri atunci când vine vorba de a obține ceea ce vor. Așa că orice cerșetorie pentru atenție nu este întâmplătoare și ei știu foarte bine care va fi reacția omului. Manipularea foarte deliberată face parte din comportamentul natural al lupilor. Acest comportament și mai ales ochii mari ar trebui să fie combătute. În caz contrar, ritualul de dimineață al omului poate fi perturbat, ceea ce poate duce la complicații, mai ales dacă, de exemplu, omul a dormit prea mult.

Același principiu poate fi aplicat și atunci când vă întoarceți de la serviciu după-amiaza sau seara. Nu este neobișnuit ca un anumit comportament să fie provocat de stăpân, de exemplu atunci când proprietarul întinde brațele pentru a saluta câinele. Împreună cu o voce ascuțită, acest lucru poate contribui la o eliberare de adrenalină care determină câinele să uite de manierele sale, precum și de ceea ce a învățat. Acest lucru face parte din comportamentul pe care îl manifestă majoritatea stăpânilor, dar este important să înțelegem că acest lucru nu ar fi niciodată cazul într-o haită reală. Haita nu este întâmpinată de un lider de haită care se întoarce, în schimb este invers. Haita îl întâmpină pe liderul haitei, motiv pentru care câinii sunt foarte fericiți atunci când omul lor se întoarce acasă, fie că este după muncă sau după o plimbare. Pot apărea comportamente diferite: Unii câini aleargă spre stăpânii lor, alții sar la ei. Este important să se lucreze asupra acestui comportament, deoarece copiii nu pot suporta greutatea câinilor mari, iar străinii se pot teme de câini. Prin urmare, ca și dimineața, prietenul cu patru picioare trebuie ignorat timp de câteva minute, pentru ca acesta să înțeleagă că acest comportament nu îl va aduce mai aproape de obiectivul dorit: Atenție. El trebuie mai întâi să se calmeze înainte de a putea avea loc o salutare. Scopul este ca, la un moment dat, câinele să nu mai reacționeze cu emoție atunci când se deschide ușa de la intrare, ci să se îndrepte încet spre vizitatori, să-i împingă cu nasul sau să se sprijine de ei, de exemplu. Punctul cheie aici este că un comportament sălbatic nu ar trebui să fie niciodată recompensat. Aceste metode pot fi folosite și pentru a ajuta câinii care se luptă cu ataşamentul sau cu anxietatea de separare. Făcând câinele să înţeleagă că aceste saluturi nu sunt de mare importanţă, acesta poate fi învăţat că nu este sfârşitul lumii atunci când stăpânul pleacă la serviciu sau îl lasă singur pentru o perioadă de timp.

Un salut slab, fie după-amiaza, fie dimineaţa, poate avea multe avantaje, dar în egală măsură poate determina câinele să se plictisească şi, prin urmare, să îşi piardă interesul faţă de om. Acest lucru trebuie compensat, deoarece, dacă câinele este lipsit de interes, va asculta mai puţine comenzi. De îndată ce câinele este calm, se poate juca pe scară largă cu el.

Dacă acest lucru este menţinut, poate ajuta şi câinii cu anxietate de ataşament. Dând un salut fugar, cu cuvinte calde sau mângâieri foarte scurte, câinele învaţă că este normal ca omul să dispară din vedere sau să fie plecat pentru câteva ore. Un salut slab dimineaţa şi mai târziu în cursul zilei poate determina câinele să îşi piardă interesul faţă de om sau să se plictisească. Pentru a compensa acest lucru, stăpânul nu trebuie doar să se joace cu câinele sub formă de distragere a atenţiei, ci acesta trebuie să participe activ. Acest lucru înseamnă că ar trebui să se zbenguie împreună, uneori chiar la nivelul ochilor. Tragerea de un băţ împreună poate avea un efect de uşurare pentru ambele părţi, iar dacă cei doi aleargă pe o pajişte, acest lucru întăreşte legătura cu câinele. Din când în când, comportamentul de joacă ar trebui, prin urmare, copiat.

În cazul în care câinele este suficient de mic, acesta poate fi ridicat şi de la sol. Acest lucru întăreşte încrederea, deoarece câinele nu ar trebui să simtă nicio teamă. Limitele de ambele părţi trebuie în continuare respectate. Unor câini nu le place să nu aibă lăbuţele pe pământ şi nu oricărui stăpân îi place când câinele devine deosebit de zburdalnic. În acest caz, depăşirea unei limite ar trebui să pună capăt jocului.

De asemenea, câinele trebuie să fie conştient în orice moment că omul este mai mare şi mai puternic. Acest lucru poate fi aprofundat prin aplecarea scurtă deasupra câinelui atunci când acesta este întins pe podea, de exemplu. Acesta poate fi mângâiat scurt. Burta este cea mai bună pentru acest lucru, deoarece câinii îşi arată burta şi pieptul doar atunci când se simt confortabil. În acest fel, se poate stabili o dominanţă pozitivă şi, în acelaşi timp, este un gest de confirmare.

Există diferite metode, destul de mici, care pot fi folosite pentru a face câinele să înţeleagă că trebuie să arate respect faţă de oameni. În cele mai multe cazuri, succesul poate fi obţinut foarte repede. Acestea se manifestă mai ales prin gesturi mici. Aceste gesturi se numesc "gesturi de liniştire". La majoritatea câinilor, acestea se manifestă sub forma lingerii mâinii care îl mângâie şi mai ales prin evitarea contactului vizual atunci când omul se apleacă asupra câinelui.

## Lipsa de respect faţă de alţi câini

În cazul în care apar probleme de lipsă de respect în cadrul dinamicii câine-om, atunci acest lucru poate fi foarte dificil pentru ambele părţi şi poate deveni din ce în ce mai evident în viaţa de zi cu zi. Cu toate acestea, de multe ori nu aceasta este adevărata problemă. Mult mai mulţi proprietari de câini se tem de certurile cu alţi câini, deoarece un comportament lipsit de respect faţă de alţi câini se poate termina rapid cu un comportament agresiv.

La fel ca la oameni, comportamentul "rău" nu este niciodată înnăscut. Bebeluşii şi căţeii învaţă de la cei care îi îngrijesc, de la câini şi de la modelele lor. Dacă un comportament agresiv sau lipsa de respect apare în anii următori, există un motiv specific pentru aceasta. De obicei, acest motiv este că au fost depăşite limitele. Acest lucru se poate observa atunci când câinele este stresat şi, prin urmare, involuntar, nu observă că cealaltă persoană nu vrea să se joace. Aplicarea termenului "stres" poate părea confuză pentru unii proprietari de câini. Acest lucru se datorează faptului că mulţi oameni nu îşi dau seama cât de stresantă poate fi viaţa unui câine. Poate că nu se poate compara cu viaţa unui om, dar stresul a fost întotdeauna subiectiv; fiecare creatură percepe stresul în mod diferit. Şi poate fi adevărat că viaţa reală a unui câine nu poate fi descrisă ca fiind stresantă, deoarece mulţi câini stau în casă cea mai mare parte a zilei, ceea ce nu poate fi considerat stresant, dar câinii sunt maeştri în a copia şi o fac în mod complet inconştient. Ei copiază comportamentul stăpânului lor şi, în cazul în care stăpânul este stresat, acest lucru poate afecta mintea câinelui. Chiar şi cele mai mici schimbări sunt percepute puternic şi pot provoca reacţii corespunzător de mari. Dar stresul la câini poate fi cauzat şi de o lipsă acută de exerciţiu sau de tulburări de somn. Acesta este în mod clar mai puţin stresul care este perceput şi de oameni, ci mai degrabă stresul la câini poate fi descris ca un simplu dezechilibru. Cu toate acestea, stresul nu este singurul motiv pentru care pot apărea probleme în comportamentul cu alţi câini. În timpul plimbărilor, poate exista şi o supraîncărcare senzorială, prin care apelurile proprietarului, comenzile sau chiar limitele altor câini sunt blocate, deoarece nu se pot concentra corespunzător.

În acelaşi timp, pereţii de protecţie se pot forma în orice moment din cauza unor experienţe negative. Acest lucru înseamnă că aspectele negative din trecut îşi pot lăsa amprenta asupra câinilor. Prin urmare, confruntările cu câinii se pot încheia fie cu agresivitate, fie cu teamă. Pentru a fi mai precis, acesta este un simplu comportament de protecţie. În aceste cazuri, este important ca proprietarul câinelui să rămână calm. Deoarece câinele este deja speriat de unul singur, copierea comportamentului proprietarului ar provoca o tensiune şi mai mare. În acelaşi timp, această copiere poate fi folosită: Prin copierea comportamentului calm al stăpânului, câinele se poate calma singur. Acest lucru face din nou aluzie la dominanţa controlată.

Cu toate acestea, trecerea neintenţionată a frontierelor nu trebuie confundată cu trecerea intenţionată. Din cauza lipsei unui comportament social, poate apărea o supraîncărcare a stimulilor. Acest lucru se întâmplă atunci când câinele nu a avut niciun contact social pentru o perioadă lungă de timp, cum ar fi atunci când câinele face exerciţii doar în propria grădină şi nu face plimbări în parcuri mari. În plus, câinele este copleşit de toate impresiile noi.

O astfel de supraexigenţă este evidentă atunci când ambii câini încearcă să obţină controlul situaţiei. Câinii sunt supuşi oamenilor, dar foarte rar unul faţă de celălalt. Un câine are multe de controlat, iar acest control se manifestă diferit faţă de cel al oamenilor. Aceste lucruri pe care le controlează includ resursele, teritoriul şi, de asemenea, concurenţii. Aceştia pot include jucăriile, mâncarea, dar şi propriul stăpân.

Lipsa de respect faţă de alţi câini nu poate fi evitată. Trebuie să fie abordată, iar acest lucru se face cu alţi câini. Este aproape imposibil să pregăteşti câinele pentru o astfel de situaţie de unul singur. Este nevoie de o zonă controlată şi de câini care au deja experienţă. Câinii mai în vârstă pot fi folosiţi deosebit de bine în acest scop, deoarece le pasă foarte puţin dacă un câine mai tânăr o ia razna. Singurul lucru important este ca aceşti câini să urmeze fără ezitare comenzile stăpânilor lor. Un câine necontrolat poate fi plasat acum în mijlocul acestor câini controlaţi. Câinii experimentaţi pot rămâne legaţi, ceea ce înseamnă că nu este nevoie de lesă. Cu toate acestea, câinele care încă trebuie să înveţe cum să interacţioneze cu alţi câini trebuie să rămână în lesă, altfel ar putea apărea răni. Scopul este ca câinele să îşi dea seama că ceilalţi câini au un interes foarte mic faţă de el şi că nu reprezintă un pericol. Propriul câine nu numai că va lătra, dar probabil că va mârâi şi, mai mult, va trage de ham. Aici este important să vă asiguraţi că acest lucru este permis. Este un exerciţiu în care câinele trebuie să realizeze că orice efort nu va ajuta şi că nu contează dacă rămâne calm sau trage cât poate de tare de ham. Este la fel de important ca stăpânul câinelui să nu manifeste nicio reacţie, iar acest lucru continuă până când câinele se epuizează prin forţe proprii şi astfel devine automat mai calm. Nu numai că temerile pot fi depăşite, dar şi comportamentul social general poate fi îmbunătăţit.

## Indisciplină, lătrat şi comportament agresiv

Îmbunătăţirea comportamentului social poate fi de ajutor în multe scenarii, dar nu este întotdeauna suficientă. Comportamentul agresiv poate apărea în continuare în ciuda obişnuinţei la o anumită situaţie. În acest caz, este important să se intervină cât mai curând posibil, iar în cazul câinilor acest lucru se poate face cu câteva momente înainte de izbucnirea efectivă.

Nu este neobişnuit pentru câini să prezinte anomalii comportamentale. De exemplu, urechile pot deveni ascuţite şi câinele cade în rigiditate, blana din spate se ridică la fel ca şi coada, gura este deschisă şi dinţii sunt arătaţi, iar contactul vizual nu este întrerupt. O atenţie deosebită trebuie acordată acestui din urmă aspect.

Dacă proprietarul câinelui este suficient de rapid şi observă unul dintre aceste semne, este posibil să intervină. În acest caz este important ca ceilalţi proprietari de câini să fie informaţi despre neprietenia câinelui. Câinele va intra mai întâi într-o stare de stupoare înainte de a se produce un "atac". Acest lucru include, printre altele, faptul că respectivul câine nu poate fi pur şi simplu tras deoparte. Câinii pot fi grei şi se vor împotrivi, de asemenea, hamului care îi ţine în loc. În schimb, trebuie avut grijă să se întrerupă contactul vizual. Pentru a face acest lucru, proprietarul poate sta în faţa câinelui său, astfel încât acesta să nu se mai poată concentra asupra celuilalt câine. În plus, realizarea independentă a contactului vizual este foarte importantă. În acelaşi timp, timpul poate fi folosit pentru a pune lesa câinelui, în cazul în care acesta a fost legat cu o curea.

Aici, jucăriile care atrag atenţia câinelui pot fi folosite foarte bine. Dar cel mai important lucru este ca stăpânul să rămână calm şi să nu dea dovadă de nervozitate, pentru că acest lucru nu numai că se răsfrânge asupra câinelui, dar arată şi o pierdere de control. Rămânând calm şi hotărât, stăpânul îi poate arăta propriului câine că acesta nu trebuie să se teamă sau nu trebuie să reacţioneze şi, în acelaşi timp, că stăpânul său nu este în pericol. Câinele se va uita din când în când la stăpân pentru a se asigura.

Prin urmare, pentru a putea face faţă unei astfel de situaţii, se foloseşte poziţia controlată, adică aşteptarea până când un câine sau un animal străin nu se mai află în raza vizuală a propriului câine. Câinele se va calma apoi rapid şi va uita că a existat vreodată un motiv de agitație. Cu toate acestea, este necesar să se aștepte puțin, deoarece, dacă câinele străin tocmai a dispărut din raza vizuală, propriul câine ar putea alerga după el dacă este legat cu catarama prea repede. De asemenea, este important să vă jucați pe îndelete cu prietenul cu patru picioare după aceea. Acest lucru este atât de important pentru că atenția trebuie să fie atrasă din nou către stăpân și, în același timp, câinele se poate epuiza singur. Câinii care trăiesc în prezent din cauza epuizării prezintă mai puține reacții negative.

Dacă vă antrenați cu un câine deosebit de agresiv, puteți cu siguranță să vă antrenați cu o botniță.

În ciuda botniței, câinele poate să latre în continuare. Este important să ne amintim că lătratul este natural și servește ca mijloc de comunicare între câini. Este limbajul lor, așa că lătratul ocazional nu trebuie pedepsit. Cu toate acestea, pot exista lătraturi nedorite sau agresive care sunt departe de a fi o comunicare pură. Aici este important să acordați atenție la ce rasă este câinele dumneavoastră. Unele rase de câini, câinii de vânătoare printre altele, au fost crescute în mod explicit pentru a lătra deosebit de tare. Controlarea unui astfel de câine, de exemplu într-un apartament mic, este aproape imposibilă.

Dacă nu este un comportament de vânătoare înnăscut, lătratul puternic are întotdeauna un motiv. Poate fi un apel la atenție, exprimarea singurătății sau a plictiselii, nervozitate, emoție, frică, durere și nesiguranță sau dorința de ușurare fizică. Există, de asemenea, un antrenament subconștient datorat oglindirii comportamentului proprietarului. La fel ca la oameni, pot apărea până la șapte reacții: Tristețea, disperarea, nerăbdarea, indignarea, plictiseala, furia și bucuria. Dacă câinele crește într-un mediu în care emoțiile sunt deosebit de puternice, cum ar fi ridicarea vocii cu voce tare în caz de furie, acest lucru va fi copiat.

Dacă nu este vorba de un comportament înnăscut de urmărire, atunci lătratul puternic și nedorit poate fi oprit prin simpla ignorare. Atunci când un câine începe să latre, mulți stăpâni răspund cu o exclamație puternică pentru a-l face pe câine să se oprească din lătrat. Acest lucru are ca rezultat vocalizarea, care întărește comportamentul câinelui. În același timp, este la fel de important ca și câinii să nu fie recompensați după ce au reușit să se calmeze. Acest lucru ar consolida în mod similar comportamentul.

Ignorarea ei nu ajută întotdeauna. În schimb, cauza trebuie găsită în mod activ. Cauzele pot fi, de exemplu, anxietatea de separare atunci când câinele este lăsat singur acasă, sau poate exista un lătrat puternic în interiorul apartamentului atunci când proprietarul este chiar lângă el, în cazul în care câinele aude un zgomot puternic de afară. Cauzele sunt aproape infinite. Folosirea jucăriei preferate a câinelui poate funcționa bine în acest caz.

O comandă de refren poate fi, de asemenea, foarte utilă. La fel ca în cazul oricărei alte comenzi, un antrenament simplu care recompensează comportamentul dorit va fi de ajutor.

Nu trebuie uitat, totuși, că încăpățânarea la câini este similară cu cea a unor oameni. Un câine poate fi dresat mai ușor decât un om, dar nu întotdeauna nerespectarea instrucțiunilor înseamnă încăpățânare. Nu numai că există un motiv pentru lătratul puternic, dar și pentru nerespectarea comenzilor. De obicei, există o lipsă de comunicare între om și câine. Uneori poate părea că câinele știe deja pe de rost o comandă, dar de fapt nu este așa. Prin urmare, comenzile ar trebui să fie internalizate prin repetare constantă, chiar și după luni și ani de zile. Cu toate acestea, în cazul câinilor experimentați și al câinilor care, în mod normal, ascultă foarte atent cuvântul stăpânilor, poate apărea neascultarea. Acest lucru poate fi legat de faptul că câinele nu vede niciun beneficiu în ascultarea sa; nu merită pentru el.

Câinii reprezintă creaturi care se supun oamenilor în mod voluntar, dar reprezintă totuși creaturi cu instincte active. La fel ca oamenii, ei posedă o "toleranță la frustrare". Această toleranță la frustrare este asemănătoare cu toleranța unui copil mic: Frustrările apar atunci când ceva nu merge suficient de repede sau unele sarcini sunt prea dificile. O astfel de frustrare se poate manifesta prin încăpățânare și lipsă de disciplină. Este important să lucrați cu răbdare aici și să continuați cu o repetare constantă. În același timp, este important să se stabilească o rutină și să nu se schimbe comportamentele. Câinii sunt creaturi ale obișnuinței.

Pentru a crește comportamentul general de învățare și obediența, stimulii pot fi intensificați. Datorită anilor de reproducere, multe rase de câini au fost crescute pentru a acționa independent. Ei se supun doar atunci când acest lucru este recompensator pentru ei. Din acest motiv, majoritatea câinilor pot fi ademeniți cu stimulente. Recompensele funcționează excelent în acest sens. Supunerea este mai plină de satisfacții decât independența din cauza încăpățânării lor.

În cazul în care există recidive frecvente în încăpățânare, motivul ar putea fi faptul că câinele nu a făcut suficientă mișcare și are un impuls nefolosit de a se mișca. Nu numai că apare încăpățânarea, ci și alte comportamente nedorite. De exemplu, nu este neobișnuit să fie mușcate covoare sau pantofi atunci când nevoia de mișcare nu a putut fi satisfăcută. Din cauza acestei neliniști generale, pot apărea zgomote de văicăreală sau chiar mușcături la labe.

Pentru a evita acest lucru, proprietarul câinelui ar trebui să cerceteze rasa câinelui şi să afle de câtă mişcare are nevoie rasa respectivă. În acest caz, este mai important să se analizeze rasa de câine decât fiecare câine în parte, deoarece rezistenţa lor este în gene şi nu diferă de la un câine la altul.

# HOUSETRAINING LA CĂŢEI ŞI CÂINI

De asemenea, dresajul face parte din educaţia fiecărui câine. Dacă un căţeluş nu este dresat suficient de devreme, nu numai că poate fi foarte enervant pentru proprietarul ulterior, dar şi neplăcut din cauza unui efort mare şi a mirosurilor neplăcute.

Câinii sunt creaturi ale obişnuinţei, răspund foarte bine la o rutină. Acest lucru include ceasul intern şi, prin urmare, funcţia organelor. Prin urmare, menţinerea unei rutine de dimineaţă este foarte importantă. Respectiva rutină de dimineaţă nu poate fi aplicată doar căţeilor, dar şi câinii adulţi pot fi învăţaţi în continuare să fie dresaţi în casă.

Menţinerea unei rutine de dimineaţă presupune fie ducerea câinelui în grădină după masă, fie o plimbare de dimineaţă. Acest lucru trebuie făcut imediat, deoarece intestinul unui câine este mult mai scurt decât cel al unui om, motiv pentru care se goleşte mai repede. Pentru a evita supraîncărcarea, câinelui trebuie să i se dea o zonă specifică. Nu este neobişnuit pentru câini să îşi atribuie singuri acest spaţiu - unde se simte cel mai bine. În acelaşi timp, deschiderea uşii aduce cu sine o sarcină, astfel încât suprasolicitarea poate fi paralizată. După câţiva ani, rutina este suficient de solidificată încât unii câini au nevoie doar de câteva secunde pentru a-şi goli intestinele. Cu toate acestea, dacă rutina este abia în curs de formare, va dura câteva minute. Mai ales primele câteva ori, câinele nu este adesea sigur ce trebuie să facă acum. Câinii nu-şi pot face nevoile la comandă de la naştere. Prin urmare, este nevoie de o altă recompensă atunci când câinele se întoarce în uşă după ce şi-a făcut nevoile.

Dresajul general va dura câteva săptămâni. De mai multe ori pe zi, câinele trebuie să aibă posibilitatea de a-şi face nevoile. Pentru un câine tânăr, acest lucru ar trebui să se întâmple la fiecare două ore. Odată ce dresajul a devenit înrădăcinat, atunci se poate renunţa la el; pentru câinii mai în vârstă este suficient de trei ori pe zi. Condiţia prealabilă pentru aceasta este ca aceştia să îşi poată controla intestinele.

Este important ca proprietarul câinelui să rămână consecvent. Succesul nu va fi imediat şi depinde şi de vârsta câinelui. În cazul căţeilor, este nevoie doar de câteva săptămâni pentru a deveni dresat, în cazul câinilor mai în vârstă care îşi găsesc un cămin potrivit la o vârstă târzie, poate dura uneori luni de zile şi chiar şi după aceea, pot apărea accidente, care nu trebuie pedepsite, pentru că sunt doar atât: accidente. Mai mult, accidentele nu ar trebui să fie respinse de rutină.

În cazul câinilor, se poate recunoaşte cu câteva minute înainte dacă au sau nu dorinţa de a ieşi pe uşă. Apar diverse comportamente, de exemplu, câinii devin rapid agitaţi. Ei se pot întoarce în cerc, pot căuta un loc potrivit în interiorul casei sau se pot uita înainte şi înapoi cu nesiguranţă. Din când în când, aceste semne pot apărea şi la câinii tineri, care sunt apoi lăsaţi să iasă pe uşă şi nu se întâmplă nimic. Acest lucru se întâmplă deoarece câinii tineri pot deveni rapid suprastimulaţi. Ei sunt copleşiţi de natură, de toate mirosurile şi sunetele noi; pur şi simplu uită că trebuie să îşi golească intestinele şi vezica urinară. Aici trebuie să aşteptaţi cu răbdare până când câinii tineri se liniştesc şi supraîncărcarea senzorială dispare.

Dresajul în casă nu trebuie confundat cu dresajul în cuşcă. Dresajul în cuşcă este un antrenament pentru căţei imediat după naştere. Cuvântul "ladă" se referă la o ladă care este plasată în ţarc. În primele câteva săptămâni, căţeii stau cu căţeaua în ţarc şi se pot mişca liber. Ei nu îşi pot controla încă vezica şi pot murdări zona de dormit şi zona de dormit a mamei. Acest lucru este deosebit de neplăcut pentru căţea, care este slăbită după fătare. Pentru a preveni acest lucru, în ţarc se plasează o cutie separată cu nisip pentru pisici sau căptuşită cu prosoape de hârtie. În cazul în care proprietarul căţeilor observă că unul dintre căţei este agitat şi dă semne cu privire la a-şi face nevoile, acesta trebuie ridicat şi aşezat cu grijă în cuşcă. În acest fel, câinii se obişnuiesc cu faptul că există un loc alocat pentru a-şi face treburile cât sunt încă pui.

# ECHIPAMENTUL GENERAL DE ANTRENAMENT

Când vine vorba de echipamentul câinelui, trebuie să se ţină cont de calitate. Durata de viaţă a unui câine este cuprinsă între zece şi 15 ani. În cel mai bun caz, echipamentul ar trebui să fie capabil să supravieţuiască acestei durate de viaţă. Desigur, unele lucruri trebuie înlocuite destul de frecvent, cum ar fi jucăriile. Pe de altă parte, lesele, gulerele şi bolurile de hrană pot dura ani de zile cu materialele potrivite.

Din când în când, poate deveni destul de costisitor în ceea ce priveşte echipamentul general de antrenament. Acest lucru se datorează, în principal, faptului că sunt necesare unele elemente care nu pot lipsi dintr-un antrenament pentru câini. Pe de altă parte, când vine vorba de dresajul de bază, acesta nu necesită aproape niciun efort şi aproape niciun cost.

Atunci când vine vorba de achiziţionarea unui câine, fiecare potenţial proprietar ar trebui să fie conştient de faptul că primirea unei fiinţe vii este o afacere costisitoare, mai ales dacă câinele urmează să fie folosit în zone speciale. Desigur, preferinţele potenţialului proprietar joacă un rol important, dar, în principiu, se poate spune că preluarea unui câine are un cost de patru cifre. Este vorba doar de preluarea unui câine provenit dintr-o crescătorie de înaltă calitate. Dacă vă gândiţi să lucraţi cu un adăpost de animale, vă gândiţi la un interval de trei cifre. În plus, un câine are nevoie de o cazare confortabilă şi sigură. Acest lucru necesită paturi pentru câini, boluri de băut şi de mâncare, o alegere de ham şi lesă, coliere care se potrivesc confortabil şi jucării ample, deoarece un proprietar nu trebuie să uite niciodată că câinii au un nivel incredibil de mişcare şi au nevoie de mult mai multă mişcare decât un om. Jucăriile pot funcţiona foarte bine aici - mai ales că un câine epuizat ascultă mai bine comenzile. În ciuda tuturor acestor lucruri, beţele de lemn, de exemplu, pot fi, de asemenea, folosite ca parte a plimbărilor zilnice.

De asemenea, trebuie remarcat faptul că diferite rase de câini au nevoie de asigurări diferite. În plus, există costurile pentru vizitele la veterinar şi pentru viitoarele intervenţii chirurgicale. Exemple sunt castrarea şi sterilizarea. În plus, în funcţie de zona de utilizare, este posibil ca unii câini să aibă nevoie de cipare. Multe dintre aceste plăţi sunt plăţi unice.

În cadrul antrenamentului propriu-zis, se poate renunţa la majoritatea elementelor. Dacă doriţi să internalizaţi comenzile, puteţi lucra cu recompense ieftine de la supermarket. De asemenea, este rareori necesar să acordaţi atenţie calităţii înalte cu recompense mici. În cadrul dresajului cu clicker, puteţi lucra şi cu un clicker din plastic, care nu costă mult. Dacă puteţi investi ceva mai mulţi bani, ar trebui să alegeţi un fluier pentru câini de înaltă calitate, care va dura ani de zile, deoarece utilizarea fluierului este foarte importantă în anumite domenii de aplicare.

Selectarea echipamentului este un proces de încercare şi eroare. Acest lucru înseamnă că, în mod inevitabil, vor exista achiziţii proaste. Fiecare persoană şi, prin urmare, fiecare proprietar de câine, are o preferinţă diferită. Unii proprietari de câini preferă ţesături sustenabile din punct de vedere ecologic, alţii preferă ca lesa şi zgarda câinelui lor să fie din piele biodegradabilă. În acelaşi timp, fiecare va avea o opinie diferită în ceea ce priveşte caracterul prietenos pentru câini al unor produse, din cauza experienţelor diferite. Dar pentru a vă forma propria preferinţă, aveţi nevoie doar de asta: de experienţă. Atât cercetarea face parte din ea, cât şi achiziţionarea greşită a unor produse, pentru că, în cele din urmă, şi câinele trebuie să se simtă confortabil. Nu tuturor le place să poarte un ham, alţii trag atât de tare de lesă încât au nevoie de un ham pentru a nu se răni la gât. În plus, unele ţesături sunt la fel de neplăcute pentru câini ca şi pentru oameni, de exemplu atunci când se scarpină.

Produsele potrivite pot fi găsite atât pe internet, cât şi în magazine, mai ales că există multe persoane care pot oferi ajutor profesional şi sunt extrem de bucuroase să o facă.

Următorul capitol se va ocupa de săniuş ca sport canin. Acest capitol va descrie, de asemenea, echipamentul specific săniuşului.

# ANTRENAMENT CU CLICKER

Dresajul cu clicker este ideal dacă doriţi să învăţaţi noi comenzi sau trucuri cu câinele dumneavoastră. În acest caz, prietenul dumneavoastră cu patru picioare este motivat de un semnal sonor (clic) şi de o recompensă asociată (prietenul dumneavoastră cu patru picioare aşteaptă acest lucru după clic) pentru a efectua o acţiune pe care o doriţi (comandă, truc). Pentru a începe antrenamentul cu clicker, aveţi nevoie de aşa-numitul clicker, cunoscut şi sub numele de broască clicker, şi de multe, bineînţeles, recompense sănătoase.

Sunetul clickerului este întotdeauna acelaşi, spre deosebire de vocea dumneavoastră, care poate fluctua. Dacă mintea ta este în altă parte, vocea ta poate fi foarte liniştită, iar dacă eşti supărat în interior, această furie va răsuna, de asemenea, în vocea ta. De asemenea, degetul dvs. poate acţiona clickerul mult mai repede decât aţi oferit laude. Acest lucru se datorează faptului că acest lucru ar trebui să se întâmple foarte precis odată cu finalizarea corectă a exerciţiului. Acesta este motivul pentru care un clicker este un instrument foarte util în dresajul câinilor, deoarece clickerul îi spune câinelui tău că şi-a îndeplinit bine sarcina şi că urmează să primească o recompensă pentru aceasta. Cu toate acestea, prietenul dumneavoastră cu patru picioare trebuie condiţionat la clicker, ceea ce înseamnă că trebuie să înveţe să aştepte recompensa la clicker şi numai atunci.

Bineînțeles, trebuie mai întâi să stăpânești singur acest instrument. Exersați folosirea clickerului la un moment anume, abia apoi puteți începe să vă dresați câinele. Prietenul dumneavoastră cu patru picioare trebuie, de asemenea, să îl învețe mai întâi. La final, clickerul ar trebui să îi spună câinelui: "A fost grozav, acum vine recompensa". Odată ce animalul dvs. de companie știe, antrenamentul ulterior pentru noi comenzi și trucuri nu mai este dificil.

## COLIER SAU HAM DE PIEPT?

Acest capitol tratează întrebarea frecventă dacă ar trebui să folosiți mai degrabă o zgardă sau un ham de piept. Ambele mijloace ajutătoare sunt comparate între ele dintr-un punct de vedere neutru. De asemenea, vă rugăm să analizați puțin acest subiect înainte de a vă decide în favoarea uneia sau alteia, deoarece o bună manevrare a câinelui la plimbare este foarte importantă. Nu este relevant doar pentru siguranța celorlalți câini și a plimbăreților pe care îi întâlniți pe drum, ci și pentru siguranța câinelui dumneavoastră. Câinii pur și simplu nu înțeleg regulile complicate care se aplică în traficul nostru rutier. Din acest motiv, companionul dumneavoastră animal este foarte dependent de faptul că trebuie să fie condus în siguranță de către dumneavoastră, iar acest lucru include, de asemenea, să fie condus în lesă, în special în interiorul orașelor și pe drumurile aglomerate.

Să începem deci cu instrumentul clasic de dresaj al câinilor, zgarda. Cea mai frecventă critică la adresa gulerelor este aceea că pot fi foarte incomode pentru câine. Cu toate acestea, cu o zgardă de bună calitate și o mărime potrivită, o astfel de senzație de purtare incomodă poate fi evitată în orice caz. Cu toate acestea, dacă câinele dvs. are o tendință puternică de a trage de lesă, chiar și o zgardă perfect adaptată nu vă va ajuta. În cazul câinelui care trage în mod cronic, presiunea permanentă asupra laringelui și traheei poate duce la probleme de sănătate. Indiferent dacă intenționați să folosiți sau nu o zgardă, ar trebui să exersați intensiv mersul în lesă cu câinele dumneavoastră, deoarece nu este niciodată bine atunci când un câine trage tot timpul de lesă, nici măcar pentru proprietar.

Pentru a alege un guler care să se potrivească bine, nu trebuie de fapt să acordați prea multă atenție. Zgarda nu trebuie să fie prea subțire, pentru că atunci se va strânge și va provoca dureri. O regulă de bază este că zgarda trebuie să fie cel puțin la fel de largă ca nasul câinelui care o poartă. De asemenea, ar trebui să puteți strecura două degete pe sub zgardă atunci când aceasta este pusă pentru a vă asigura că nu este prea strânsă. Cu toate acestea, nu trebuie să fie nici prea largă, altfel există riscul ca câinele să-și scoată capul din zgardă și să se elibereze din lesă. Atunci când cumpărați o zgardă pentru câini, consultați întotdeauna personalul specializat. Cel mai bine este să luați câinele cu dvs. la magazin și să vă fie montată direct zgarda. Dacă câinele nu vine cu dumneavoastră din orice motiv, asigurați-vă că informați vânzătorul despre rasa și vârsta câinelui. Materialele potrivite pentru colierele pentru câini sunt pielea, țesătura sau o căptușeală din neopren. O zgardă cu zgardă cu lanț nu este o opțiune și reprezintă cu siguranță o cruzime față de animale. Purtarea uneia va face ca întotdeauna câinele dumneavoastră să sufere dureri din cauza constrângerii și a părului prins. Vânzătorii care vă sfătuiesc să purtați o astfel de zgardă sunt neserioși.

Atât pentru zgardă, acum pentru hamul de piept. Cu un ham, presiunea este mai bine distribuită, motiv pentru care purtarea unui ham bine ajustat este de obicei mai confortabilă pentru câine decât purtarea unei zgarda. Pentru o potrivire bună, asigurați-vă că bretelele nu alunecă sub subsuorile câinelui. În caz contrar, hamul poate freca atunci când câinele se plimbă. Sarcina principală se află pe ham în mijlocul pieptului, așa că această zonă ar trebui să aibă o căptușeală suplimentară. Această căptușeală previne presiunea inconfortabilă pe pieptul câinelui. Libertatea de mișcare a umerilor câinelui trebuie, de asemenea, să fie garantată și nu trebuie să fie afectată de curele.

Acum știți aproximativ ce trebuie să căutați atunci când cumpărați coliere și hamuri de piept. În cele din urmă, alegerea nu ar trebui să depindă de estetica ajutorului respectiv, ci de nevoile și comportamentul câinelui dumneavoastră. Este logic să le cumpărați pe amândouă și să vă obișnuiți câinele cu ambele. În timp, veți observa cu ce se simte mai confortabil.

# ALEGEREA LESEI POTRIVITE

Ca și în cazul întrebării dacă ar trebui să folosiți o zgardă sau un ham, decizia privind lesa potrivită vă aparține în cele din urmă. În acest capitol veți afla ce tipuri de lese există și ce le deosebește. Nu este nimic rău în a încerca mai multe lese diferite și abia apoi să decideți care este lesa potrivită pentru dumneavoastră. Atunci când cumpărați un ham, asigurați-vă că omoplații se pot mișca liber și că nimic nu irită axilele. Zona pieptului trebuie să fie larg căptușită. Cumpărați hamul imediat după ce cățelul s-a mutat, dacă nu aveți posibilitatea de a verifica în prealabil potrivirea piesei.

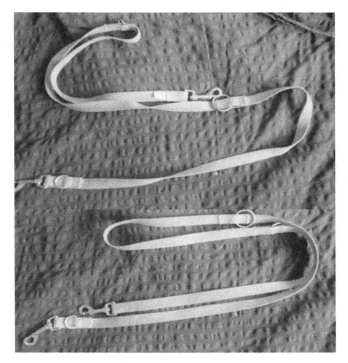

*lesa noastră, ®rgladel*

Forma clasică de lesă pentru câini este "lesa de zi cu zi", numită şi lesa de conducere. Aceasta are o lungime de aproximativ 1 până la 2 metri şi este de obicei ataşată la o zgardă sau la un ham. Aceste lese pot fi fabricate din piele sau din plastic şi au grosimi diferite. O astfel de lesă ar trebui să se afle în posesia fiecărui proprietar de câine, deoarece este cea mai bună modalitate de a exersa abilităţile de mânuire a lesei de către câine. Lesa de zi cu zi vă oferă un bun control asupra câinelui. Cu cât câinele este mai mare, cu atât lesa poate fi mai groasă şi mai grea. O lesă grea va interfera cu plimbarea unui câine mic, aşa că cumpăraţi doar o lesă subţire pentru un câine mic. De obicei, veţi găsi informaţii despre greutatea câinelui pe lesele disponibile în magazine.

"Linia flexibilă" este o linie foarte subţire care este înfăşurată pe o bobină într-o carcasă cu mâner. Atunci când este complet derulată, poate avea o lungime de până la 10 metri. Există un buton pe carcasă cu ajutorul căruia puteţi opri derularea şi, de asemenea, puteţi lăsa firul să se rostogolească înapoi în carcasă. Rezultatul este că lesa flexi este întotdeauna sub tensiune. Nu degeaba acest tip de lesă este criticat din acest motiv. Câinele învaţă că trebuie să tragă de lesă, pentru că altfel lesa nu va continua să se deruleze. În plus, această lesă este complet nepotrivită pentru câinii mai mari, care au o forţă de tragere corespunzător mai mare. Mecanismul de blocare poate contracara doar o forţă mică. Astfel, în cazul unui câine mare, există întotdeauna riscul ca mecanismul să cedeze, punând câinele sau împrejurimile sale într-o situaţie periculoasă. În plus, dumneavoastră, ca proprietar, nu aveţi aproape niciun control asupra câinelui.

"Lesa pentru retriever" este un tip special de lesă care nu necesită zgardă sau ham. Cu lesa pentru retriever, zgarda este încorporată în lesă, ca să spunem aşa. La fiecare capăt al lesei există o buclă, de obicei de mărime reglabilă, una pentru a ţine câinele pe loc şi una la celălalt capăt pentru a înlocui zgarda. Bucla de zgardă este trasă lejer peste cap şi, prin urmare, se potriveşte mult mai puţin sigur decât o zgardă adevărată. Astfel, bineînţeles, se pierd avantajele zgardei, cum ar fi faptul că câinele nu se poate elibera cu uşurinţă din ea. Cu toate acestea, o lesă de retriever este o alegere excelentă dacă câinele dumneavoastră merge foarte bine şi nu este predispus la reacţii de panică.

"Linia de tracţiune" este utilizată pentru antrenamentul câinelui în aer liber. Este mai puţin potrivită pentru a fi utilizată în timpul unei plimbări normale. O linie de tragere este foarte lungă pentru a oferi câinelui cât mai mult spaţiu de mişcare fără a putea scăpa necontrolat. Acest lucru vă permite să vă antrenaţi şi să vă jucaţi cu câinele afară fără a pune în pericol câinele sau pe alţii. De asemenea, în cazul liniei de tragere, cu cât câinele este mai mare, cu atât aceasta trebuie să fie mai groasă. De asemenea, puteţi alege o linie de tracţiune cu sau fără bucla de mână, în funcţie de faptul dacă doriţi să ţineţi mult timp lesa în mână în timpul antrenamentului sau dacă preferaţi să împiedicaţi câinele să fugă prin plasarea unui picior la capătul lesei. Avantajul unei lese fără buclă este că nu se poate prinde pe neaşteptate.

"lesa de casă" are practic aceeaşi funcţie ca şi lesa de tracţiune, cu excepţia faptului că este folosită în interiorul casei. O puteţi folosi pentru a face exerciţii în interiorul casei şi, de exemplu, pentru a conduce câinele la locul său atunci când acesta trebuie să aştepte acolo. Acest lucru este util, de exemplu, atunci când exersaţi salutul vizitatorilor. Atunci când un câine locuieşte într-o gospodărie, acesta nu ar trebui să fie niciodată primul care întâmpină vizitatorii acasă. În schimb, trebuie să înveţe să aştepte într-un anumit loc până când vizitatorul a fost salutat şi lăsat să intre de un alt membru al gospodăriei. Numai atunci câinele are voie să salute vizitatorul. O lesă de casă este, de asemenea, foarte practică în dresajul căţeilor, deoarece puteţi folosi lesa de casă pentru a ieşi afară foarte repede şi a promova astfel dresajul câinelui.

Aşa-numita "lesă de jogging" este un ajutor practic pentru pasionaţii de sport. Pur şi simplu o legaţi în jurul taliei, legaţi câinele cu carabiniera şi aveţi mâinile libere pentru jogging. Amortizorul de şocuri încorporat asigură un confort suplimentar atât pentru câine, cât şi pentru stăpân. Pentru a utiliza o lesă de jogging, câinele trebuie să fie deja capabil să meargă foarte bine în lesă şi să fie entuziasmat de astfel de activităţi.

*Astfel de linii automate nu se descurcă atât de bine.*

*O lesă solidă este mai bună.*

## Tragerea de lesă

Acest obicei prost se bazează, de asemenea, pe greșeli în dresajul cățelului. Poate că ați folosit și o lesă flexibilă (lesă automată) pentru că ați crezut că îi va oferi câinelui mai multă libertate de mișcare. Acum, singurul lucru care ajută este dresajul specific cu o lesă reglabilă de aproximativ doi metri lungime. Este complet inutil să lucrați cu contra-tracțiunea sau chiar să folosiți o smucitură bruscă a lesei. Acest lucru tinde să încurajeze câinele să tragă și mai tare. La început, încercați doar să stați nemișcat. Chemați câinele la dumneavoastră. Acum lăsați-l să meargă la călcâi timp de câteva minute. Dacă răspundeți în mod constant în acest fel de fiecare dată când câinele trage, probabil că va renunța. El învață că tragerea este un exercițiu disciplinar și că nu îi aduce niciun beneficiu.

Dacă acest lucru nu vă ajută, metoda prezentată mai jos vă va ajuta. Aceasta vă permite să păreți surprinzător în fața câinelui. În acest fel aveți contact vizual și îl puteți influența cu ușurință. Acest lucru este important dacă trebuie să interveniți atunci când doi câini se întâlnesc.

Exersați mișcările fără câine la început, deoarece trebuie să se desfășoare fără probleme și fără a trage de lesă. Atașați lesa de un obiect și țineți-o întinsă la bucla.

Faceţi un pas spre linie în timp ce vă întoarceţi pe jumătate spre ea şi o prindeţi cu mâna liberă. Tensiunea trebuie să rămână neschimbată. Ţineţi acum lesa în faţa corpului cu ambele mâini.

Continuaţi să vă întoarceţi în acea direcţie în timp ce înfăşuraţi frânghia în jurul corpului. În acest fel, vă apropiaţi de punctul de prindere fără a schimba tensiunea lesei. Acest lucru este foarte important, deoarece mai târziu lesa este atașată de câine. Câinele nu trebuie să observe că vă apropiați de el.

*Micul nostru truc de lenjerie, ®rgladel*

La următoarea jumătate de întoarcere, vă aflați în fața punctului fix al lesei. De îndată ce ați stăpânit mișcările, executați-le atunci când câinele trage din nou. El este deja obișnuit să vă opriți. Dar de data aceasta nu îl chemați, ci apăreți brusc în fața lui. Înfășurați lesa de pe corp și continuați să mergeți ca și cum nu s-ar fi întâmplat nimic.

## RECOMPENSE ȘI TRATAMENTE

Recompensele sub formă de mângâieri, cuvinte frumoase, jucăria preferată sau dulciuri speciale sunt extrem de importante în timpul dresajului unui câine. Un câine este coruptibil și, dacă poate obține un avantaj pentru el însuși, va manifesta și el comportamentul dorit pentru o recompensă corespunzătoare.

Cu cât lucrați mai mult cu așa-numitele întăriri pozitive, cu atât mai bine puteți construi o legătură cu câinele dumneavoastră. Nasul tău blănos își va da seama rapid că ai mereu ceva gustos de ronțăit și că, prin urmare, merită să vină la tine sau să se supună în alt mod comenzilor tale.

O recompensă nu trebuie neapărat să constea într-o recompensă. Multor câini nu le plac atât de multe ronțăieli și se mulțumesc cu mângâieri sau cu jucăria lor preferată. O plimbare lungă pe câmp poate fi, de asemenea, o recompensă pentru animal. Cu toate acestea, în cazul în care folosiți dulciuri, ceea ce va fi cel mai probabil cazul, va trebui să regândiți și rația de hrană a câinelui dumneavoastră. Dacă acum continuați să-l hrăniți conform recomandărilor de hrană ale producătorului, aceasta poate duce rapid la obezitate și, corespunzător, la alte probleme de sănătate. Așadar, sustrageți din hrană dulciurile sau reduceți porțiile. Cu toate acestea, supravegheați întotdeauna sănătatea animalului dumneavoastră de companie și verificați-i greutatea din când în când, pentru că, bineînțeles, nu trebuie să slăbească.

# GESTURILE ȘI EXPRESIILE FACIALE ALE CĂȚELULUI

Interpretarea limbajului corporal al câinelui poate fi foarte interesantă și incitantă. Acest lucru vă oferă posibilitatea de a vă evalua câinele în diferite situații și de a acționa cu previziune. Literatura de specialitate oferă suficient material pe această temă sau puteți vizita o școală canină unde veți fi instruit și vă puteți reasigura din nou și din nou. Câinele nu are trăsături agresive, dar este foarte inteligent, drăguț și mereu gata să învețe lucruri noi. Din aceste motive, nu este deosebit de dificil să dresezi această rasă. La fel ca în cazul oricărui alt câine, trebuie avut grijă ca acesta să aibă un contact regulat cu alți câini. O bună socializare este extrem de importantă. Odată ce s-a mutat în noua sa casă, ar trebui să fie integrat cu dragoste în rutina zilnică și prezentat celorlalte animale care trăiesc în casă și copiilor. Este important pentru dezvoltarea lui să aibă parte de experiențe bune. Timpul pe care îl petreceți cu noul dvs. drăgălaș va fi răsplătit mai târziu. Cățeii au o varietate de gesturi pentru a se face remarcați - și nu numai - printre semenii lor. Ei nu se pricep doar la gesturi și la limbajul corpului, ci și la expresiile faciale, pe care le folosesc pentru a comunica cu alți câini. În acest fel, ei arată că le este foame, că sunt speriați sau că cer afecțiune. Dacă câinele încă mic privește rigid într-o singură direcție și pupilele sunt contractate, acesta este un gest de amenințare. În lumea câinilor se vorbește și de așa-numitul "ochi rău". Acest lucru înseamnă că câinele nu arată "curat" și ar putea mușca fără avertisment.

**Cățelul se construiește în mod special**: În cazul în care cățelul se simte deosebit de curajos sau manifestă laturi agresive, acesta se va construi și se va face mare. Urechile și coada sunt apoi ridicate. Probabil că își va scoate pieptul în afară şi îşi va ridica firele de păr de pe gât şi de pe spate. De asemenea, este posibil să dea uşor din coadă atuci când mârâie - un semn de nesiguranţă.

Căţeluşul se face **foarte** mic: Dacă un câine este supus, el se face cât mai mic posibil pentru a părea un căţeluş. Speranţa lui este că omologul său îl va lăsa în pace, deoarece câinii adulţi, de exemplu, îi vor mustra pe căţei, dar niciodată nu îi vor ataca şi muşca. Atunci când căţeii sunt supuşi, de obicei se vor ghemui lateral pe podea, îşi vor ţine coada foarte aplecată şi o vor mişca timid. Uneori, vor încerca să lingă faţa câinelui superior sau a îngrijitorului. În situaţii mai extreme, se vor întinde complet pe spate, expunându-şi gâtul.

Căţ eluş ul se face foarte mic.

**Datul din coadă este** adesea interpretat ca un semn de amabilitate şi bucurie. Dar clătinarea exagerată a fost adesea observată la câinii supuşi. Aşadar, clătinarea poate avea, de asemenea, mai multe semnificaţii:

În cazul în care câinele dă din coadă încet şi coada este relativ rigidă, câinele este furios. Dacă coada este băgată între picioarele din spate, acesta este un semn de frică. Câinii agitaţi sau nervoşi îşi ţin uneori coada în jos şi o mişcă doar sugestiv.

Modul în care câinii îşi poartă coada variază de la o rasă la alta. În general, se poate spune că o coadă care se află la un unghi de peste 45 de grade faţă de spate reprezintă vigilenţă şi interes.

**Faţa şi expresiile faciale ale unui** căţeluş pot dezvălui multe despre starea sa de spirit actuală. Este căţeluşul speriat? Este emoţionat? Vrea să se joace? Aceste şi alte emoţii pot fi recunoscute şi pot fi interpretate prin expresiile faciale. Dacă urechile sunt îndreptate în faţă, înseamnă că căţelul este atent şi ascultă. Dacă, pe de altă parte, urechile sunt lipite de cap, acest lucru poate exprima bucurie, dar şi teamă. Pentru a "citi" corect starea de spirit, trebuie să acordaţi atenţie şi altor semne şi să le puneţi într-un context comun.

Dacă observaţi că ochii sunt doar puţin închişi, acesta este de obicei un semn de bucurie sau de acceptare a faptului că sunteţi "liderul haitei". Cu toate acestea, dacă ochii sunt larg deschişi, căţelul este alert şi în "alertă". Natura a aranjat în aşa fel încât câinii, atunci când se întâlnesc şi decid ierarhia între ei, să se privească în ochi până când cel mai slab cedează şi se retrage. Experţii în câini recomandă acest tip de comportament şi în dresajul căţeilor: într-o situaţie de nelinişte, priviţi căţelul până când acesta se desprinde din privire şi se retrage.

# GHIDUL DE RECUPERARE

Cu toate acestea, este de asemenea important să nu încercaţi să o faceţi cu presiune şi viteză. Fiecare câine are nevoie de timp. Mai ales atunci când prietenul dumneavoastră cu patru picioare este încă foarte tânăr, el poate avea adesea alte lucruri în minte. Cu timpul se va îmbunătăţi şi veţi putea vedea primele succese.

### Pasul 1: Obiectul potrivit

Este important ca câinele dumneavoastră să aducă ceva ce poate transporta cu uşurinţă. Prin urmare, beţele grele nu sunt potrivite. S-ar putea să nu vrea nici măcar să încerce. Pe de altă parte, sunt mai bune manechinele pentru mâncare.

În orice magazin de animale de companie există jucării care arată ca un câine sau ca un os. Selecţia este mare. Cu toate acestea, aceste păpuşi sunt uşor de transportat şi sunt apreciate în special de câinii mici. Cu toate acestea, este important ca jucăria să nu fie prea moale. Instinctul de joacă este încă foarte puternic şi mai ales câinii mici au tendinţa de a muşca tot ce găsesc. De asemenea, există pericolul de a înghiţi piese care pot provoca daune mari.

Alegeţi cu înţelepciune. Deci nu trebuie să fie prea grea şi mare, dar nici prea moale.

## Pasul 2: În lesă

Acest lucru poate părea absurd, dar nu va face decât să sporească interesul câinelui dumneavoastră pentru pradă. Puneți o lesă în jurul câinelui dumneavoastră și faceți obiectul și mai interesant. El va ști că nu îl va obține imediat și va prinde mirosul. Acum depinde de tine să te ocupi de manechin în fața câinelui tău. Modul în care faceți acest lucru depinde de dumneavoastră. Singurul lucru important este să îi stârniți interesul și câinele dumneavoastră să aibă un singur gând: O vreau!

## Pasul 3: Începeți să alergați (în ciuda lesei)

Credeți că câinele dvs. a luat în vizor manechinul? Atunci este timpul să-l lași și pe el să o urmărească. Aruncă-l cât de departe poți și cere-i câinelui tău să îl aducă cu un scurt "Adu". Comenzile scurte sunt importante aici. Nu folosiți propoziții lungi, pentru că el nu va observa. Aveți grijă să nu strângeți prea mult lesa, pentru că aceasta trebuie să fie în continuare în jurul gâtului câinelui în orice caz. Când prietenul dumneavoastră cu patru picioare are obiectul în gură, îl puteți deja lăuda. Acesta este deja primul pas și s-a descurcat foarte bine. Dar acum trebuie să se întoarcă la dumneavoastră. Atrageți-l. Modul în care faceți acest lucru depinde de imaginația și îndemânarea dumneavoastră. Dacă se întoarce la tine, acum este nevoie de un scurt "off". Arătați-i că trebuie să lase manechinul. Când a făcut acest lucru, a recuperat deja cu succes pentru prima dată.

## Pasul 4: Comenzi fără lesă

Acum este timpul să îi scoatem lesa și să avem încredere în comenzi. Cu un "șezi", câinele ar trebui acum să ia loc lângă dumneavoastră. Acum îndepărtați-vă cu câțiva pași, puțin câte puțin, până când între voi doi sunt aproximativ cinci metri.

Manechinul se află în mâna ta, dar la distanța menționată îl așezi pe pământ în fața ta. Rămâneți în poziție ghemuită și strigați-l pe prietenul dumneavoastră cu patru picioare. Dacă totul merge bine, și așa ar trebui să fie, el va veni la tine, va ridica păpușa și ți-o va înmâna înapoi. A învățat deja în acest moment că sunteți singura persoană care deține această recompensă pentru el. Veți fi surprins cât de repede poate învăța câinele dumneavoastră - doar cu puțină perseverență și, bineînțeles, cu o păpușă care este cu adevărat interesantă și distractivă.

## Pasul 5: Distanța mai mare

Dacă acest lucru are succes, aveți nevoie de o distanță și mai mare. Îndepărtați-vă din ce în ce mai mult de câinele dumneavoastră. Încercați un metru la început și continuați în același mod ca cel descris mai sus.

Tot nu va fi o problemă și câinele dumneavoastră vă va vedea doar pe dumneavoastră și manechinul. Aceasta este prada lui, iar obiectivul este clar.

## Pasul 6: Adu-l aici

Acum este momentul pentru o nouă prelungire. Puneți manechinul pe pământ la o distanță mică de câinele dumneavoastră, îndepărtați-vă puțin și chemați-l cu un "adu". Dacă totul merge bine, el se va ridica și va ști exact ce trebuie să facă. El va veni la tine din poziția așezat și va pune manechinul în mâna ta sau pe pământ. Ambele sunt un succes și merită o mare laudă.

## Etapa 7: Căutarea

Acum, câinele dumneavoastră are voie să caute și el. Aduceți-l să se așeze într-o poziție pe care ați ales-o pentru el. Apoi, el vă poate privi și observa îndeaproape. În cel mai bun caz, dispăreți în pădurea învecinată și puneți acolo manechinul. Câinele dumneavoastră nu vă vede. El știe doar în ce direcție ați plecat.

După ce ați găsit un loc, reveniți și spuneți doar "Search". Câinele dumneavoastră va fugi și va începe să caute. Acest lucru poate fi un pic dificil prima dată. Însoțiți-l calm și ajutați-l. Mai târziu, acest lucru nu va mai fi necesar.

Recuperarea nu numai că întărește legătura dintre tine și câinele tău, dar îl ajută și să înțeleagă comenzile, ceea ce, la rândul său, poate fi foarte important în alte domenii. Nu este dificil să vă obișnuiți câinele să aducă și să caute obiecte, dar, bineînțeles, este nevoie de răbdare și de a nu-l certa dacă anterior interesele ar trebui să fie în altă parte. Totul se va rezolva în timp!


# PRIMELE COMENZI - "ȘEZI!", "JOS!", "JOS!", "JOS!".

Ar trebui să începeți cu primele exerciții imediat ce cățelul s-a mutat cu dumneavoastră. De fapt, acest lucru va începe automat, deoarece micuțul va pleca imediat într-un tur de descoperire și va întâlni deja multe lucruri în care vă veți spune: "Hmmm... chiar nu ar trebui să meargă aici". Primul "nu" va veni din partea dumneavoastră și veți lua cățelul din acest loc. Probabil că va fi canapeaua, pe care noul dvs. companion a ales-o ca fiind un loc excelent pentru a dormi, dar nu vreți ca el să stea aici. Așa că își va urma cursul că una sau alta dintre comenzi va veni mai repede decât credeți.

Dar este importantă și o pregătire specifică a acestor prime comenzi, astfel încât cățelușul să învețe bunele maniere și să puteți să îl chemați în siguranță la un moment dat. În plus, legătura dintre voi doi se va întări considerabil, deoarece veți petrece timp cu micuțul în fiecare zi, lăudându-l și acordându-i atenție. Cu cât începi mai repede, cu atât mai ușor va fi pentru tine și pentru câinele tău. Un animal tânăr învață repede și astfel se poate dezvolta într-un câine bine socializat și prietenos.

Ceea ce trebuie neapărat să aveți la îndemână este multă răbdare și o atingere delicată. Cu siguranță nu totul va funcționa imediat, aici trebuie să vă dovediți perseverența. Repetați exercițiul din nou și din nou până când se potrivește perfect. Dacă este necesar, s-ar putea să trebuiască să mai coborâți o treaptă de viteză din când în când.

Pentru ca noul coleg de cameră să învețe mai ușor, ar trebui să introduceți o structură fixă și o anumită rutină în rutina zilnică. Orele fixe pentru hrănire, pentru plimbări, pentru joacă și pentru antrenament sunt foarte utile.

Laudele, mângâierile, cuvintele frumoase și o mulțime de dulciuri ar trebui să fie, de asemenea, în bagajul dumneavoastră. Pentru fiecare comportament pozitiv al cățelului dumneavoastră, nu trebuie să vă zgârciți cu el. Acest lucru îl va motiva întotdeauna pe cel mic să coopereze. Recompensează-l imediat, astfel încât să poată face legătura între comportamentul de care tocmai a dat dovadă și recompensă. În caz contrar, nu va ști pentru ce a primit recompensa și o poate asocia cu o altă acțiune.

În schimb, nu trebuie să vă pedepsiți niciodată cățelul atunci când reacționează greșit - cu siguranță nu prin violență. Din nou, nu faceți decât să alimentați un comportament de frică și intimidare. Agresivitatea care se dezvoltă mai târziu nu poate fi exclusă și nimeni nu își dorește un câine mușcător în mediul său.

Formarea ar trebui să se încheie cu un rezultat pozitiv. Nu vă opriți până când câinele dumneavoastră nu a arătat comportamentul dorit - cu excepția cazului în care simțiți că este copleșit. Apoi repetați un exercițiu anterior și apoi încheiați dresajul.

Veți avea cu siguranță reguli prestabilite pe care trebuie să le urmeze cățelușul dumneavoastră. Trebuie să fiți consecvent aici. Nu trebuie să se întâmple ca astăzi cățelul să nu aibă voie pe canapea, dar mâine va avea voie. El nu va înțelege un astfel de comportament și în curând nu vă va mai asculta. Membrii familiei din casa dumneavoastră trebuie să respecte și ei aceste reguli, altfel autoritatea dumneavoastră va fi rapid subminată.

Ar trebui să folosiți un ton ferm al vocii cu câinele dumneavoastră atunci când doriți să-l învățați ceva. Folosiți comenzi scurte, care să fie clar de înțeles, deci nu filozofați în fața animalului. Nu țipați sau urlați niciodată la câinele dumneavoastră. Acest lucru nu va face decât să îl facă să devină intimidat și temător.

O bună socializare este extrem de importantă pentru ca micul dvs. prieten să se poată descurca în orice situație cotidiană. Așadar, după perioada de aclimatizare, ar trebui să-l confruntați cu oameni străini, cu autovehicule de orice fel și cu alte animale. Nu toate deodată, desigur, ci încetul cu încetul. În acest fel, va învăța să se comporte cu alte ființe vii într-un mod prietenos și nu va avea probleme la vârsta adultă.

Dar cum îl înveți pe micul cățeluș să se așeze sau să se culce la comanda ta? Citește mai departe și vei afla.

Pentru comanda "Șezi!", procedați după cum urmează:

Luați o recompensă în mână și arătați-i-o cățelușului dumneavoastră. Acum, în mod firesc, el vrea să aibă acest obiect gustos în mâna ta. Țineți-l deasupra capului său, astfel încât să fie nevoit să se uite în sus. Probabil că se va așeza în acest moment pentru a vedea mai bine răsfățul și pentru a putea ajunge la el. Lăudați-l din belșug și dați-i răsfățul. Acum repetați acest exercițiu de mai multe ori și adăugați comanda "Șezi!". Cu siguranță nu va dura mult timp până când cățelul dvs. va înțelege legătura dintre comandă și răsfăț și, prin urmare, va sta jos atunci când îi spuneți să o facă. Desigur, el execută comanda doar pentru că știe că va primi apoi ceva gustos.

Pentru comanda "Șezi!", luați o recompensă în mână și arătați-i-o cățelului dumneavoastră. Aduceți mâna la podea. Pentru a ajunge la răsfăț, câinele dvs. se va culca probabil. În acest moment precis, lăudați-l și dați-i răsfățul. La următoarea încercare, folosiți comanda și repetați exercițiul de mai multe ori. În curând, micuțul se va culca la comanda dumneavoastră. Răsplătiți-l cu răsplata.

O comandă foarte importantă este "Vino!" sau "Aici!". Cu aceasta vă chemați câinele înapoi din toate situațiile posibile și imposibile. Această comandă îi poate salva viața, de exemplu, dacă se apropie prea mult de un drum aglomerat.

Pentru prima încercare, este recomandabil să fie ajutat de o a doua persoană. Acest ajutor se ghemuiește lângă câinele care stă jos. Dumneavoastră vă ghemuiți acum la câțiva pași distanță. Acum chemați-vă prietenul cu patru picioare pe nume și adăugați comanda corespunzătoare.

Conveniți asupra unei singure opțiuni: fie "Vino!", fie "Aici!", nu folosiți niciodată o dată o comandă și altă dată cealaltă. Câinele dumneavoastră nu ar înțelege acest lucru și nu ar reacționa în consecință.

În timp ce vă chemați câinele, întindeți brațele și stabiliți contactul vizual cu el. Prin acest gest și prin expresia facială corespunzătoare, îi semnalați cățelului dumneavoastră că sunteți fericit când vine la dumneavoastră. De asemenea, pregătiți-i o recompensă sau jucăria preferată. Cu siguranță că micuțul va alerga acum spre tine cu bucurie. Lăudați-l și dați-i jucăria sau răsfățul.

Va trebui să repetați acest exercițiu de mai multe ori până când cățelul dumneavoastră va înțelege semnificația comenzii. Cu timpul, însă, va trebui să măriți distanța dintre voi doi, la urma urmei, vreți să îl puteți chema de la distanță. De asemenea, încercați să îl chemați la timp atunci când nu vă mai vedeți. Nu uitați niciodată de recompensă, pentru că acesta este singurul motiv pentru care prietenul dumneavoastră cu patru picioare va veni la dumneavoastră.

Vor exista situații în care va trebui să îi ordonați câinelui "Nu!" sau "Jos!". Această comandă trebuie de asemenea să stea și aici, bineînțeles, folosiți doar una dintre ele, voi decideți. Spre deosebire de celelalte comenzi, aici nu există, bineînțeles, nicio recompensă sau altă recompensă. Cățelul dumneavoastră nu trebuie recompensat pentru un comportament greșit. Dar nici pedeapsa nu este potrivită, bineînțeles. Există o soluție foarte simplă: un clopoțel. Ori de câte ori prietenul dumneavoastră cu patru picioare manifestă un comportament nedorit și efectuează o acțiune nedorită, lăsați să sune acest clopoțel și adăugați comanda pe care ați ales-o. Clopoțelul ar trebui să îi semnaleze câinelui că nu se așteaptă nicio recompensă în acest caz.

Când câinele a învățat semnificația clopoțelului, adăugați comanda "Șezi!" sau "Jos!". Dacă se supune dorinței dumneavoastră, răsplătiți-l cu o recompensă. Acest lucru are rolul de a preveni dezamăgirea față de dumneavoastră. În acest fel, câinele învață comanda "Jos!", dar continuă să aibă încredere în tine și rămâne prietenul tău.

Acestea vor fi primele sesiuni de antrenament care vor umple primele săptămâni alături de noul dvs. coleg de apartament. Vor urma multe alte comenzi. Cu toate acestea, nu grăbiți lucrurile, ci exersați câte un lucru pe rând. În caz contrar, cățelușul va fi copleșit prea repede și nu va putea să învețe absolut nimic.

Primele comenzi pe care trebuie să le învețe micul tău prieten sunt "șezi", "jos", "stai", "vino" și "oprește-te". Dar vă rugăm să nu le faceți pe toate deodată, pentru că va merge prost. Începeți cu o singură comandă și numai după ce o stăpâniți, exersați-o pe cea de-a doua. Alegeți momentul potrivit pentru a exersa. Dacă bebelușul dumneavoastră este obosit sau apatic, nu are rost. Exersați de mai multe ori pe zi, dar numai pentru o perioadă scurtă de timp. În caz contrar, îl veți suprasolicita pe micuțul câine. Obișnuiți-vă cu un ton calm al vocii și nu pedepsiți niciodată câinele.

Lucrați cu recompense atunci când există o execuție corectă a comenzii dumneavoastră. Acest lucru rămâne formativ și câinele dumneavoastră învață. Ignorați-l dacă nu a acționat corect și repetați exercițiul fără comentarii. Nu aveți mult timp la dispoziție pentru a recompensa sau a ignora. Trebuie să faceți acest lucru imediat după acțiunea câinelui dumneavoastră. Așadar, dați recompensa imediat după ce comanda a fost executată și întrerupeți jocul, de exemplu, dacă prietenul dumneavoastră cu patru picioare devine prea sălbatic sau chiar mușcă. Opriți-vă întotdeauna atunci când exercițiul este încununat de succes. Învățarea este mult mai amuzantă în acest fel și ceea ce a fost învățat va fi reținut.

Nu folosiți niciodată numele cățelușului dumneavoastră ca o comandă. Mulți stăpâni de câini fac acest lucru greșit. Adesea, numele este folosit pentru a-i spune câinelui "Vino la mine". Cu toate acestea, atunci când îi spuneți câinelui dumneavoastră pe nume, este pentru a-i atrage atenția. Când îi spuneți numele, cățelul se uită la dumneavoastră și acum puteți spune comanda pe care o doriți. În cel mai bun caz, câinele dvs. o va executa apoi, bineînțeles, și el, dacă a învățat-o deja.

Experiența a arătat că nu este ușor să vă învățați cățelul să stea jos atunci când îi dați comanda. Aveți nevoie de mult timp și mai ales de răbdare atunci când doriți să vă învățați cățelul ceva. De asemenea, fiți foarte consecvent, pentru că nu vă ajută câinele dacă faceți un lucru într-un moment și altul în următorul.

Pentru comanda "Sit", procedați după cum urmează: În primul rând, atrageți-vă cățelul spre dumneavoastră, de preferință cu o recompensă dacă încă nu reacționează corespunzător la numele său. Țineți-l puțin mai sus, astfel încât să se uite la dumneavoastră. Acum dați comanda "Șezi". Pentru ca cățelul dumneavoastră să fie cu ochii pe recompensă, probabil că se va deplasa în poziția așezat. Acum lăudați-l din belșug și dați-i răsfățul. Dacă în schimb vrea să sară în sus la tine, spune "Nu" și repetă exercițiul.

Îl înveți comanda "Nu" "pe parcurs", pentru că întotdeauna, mai ales la început, există situații care sunt dezirabile. Dacă vă surprindeți cățelul într-o astfel de situație, spuneți "Nu" pe un ton mai ascuțit pentru a opri comportamentul. Postura dumneavoastră în acel moment este, de asemenea, foarte importantă. Acum distrageți-i atenția cățelușului de la intenția sa inițială și, de asemenea, recompensați-l imediat când distragerea a reușit. În acest fel, micul prieten cu patru picioare învață că "nu" înseamnă sfârșitul.

Comanda "Vino" este, de asemenea, foarte importantă, la urma urmei, trebuie să vă puteți chema câinele cu ușurință în orice situație. Atunci când câinele se uită la tine, îngenunchează și atrage-l spre tine. Folosiți comanda "Vino" pentru a face acest lucru. Lăudați-l și recompensați-l pe prietenul dvs. atunci când vine efectiv la dvs. În acest fel, dacă câinele dvs. se supune comenzii, va ști curând că se poate aștepta la ceva gustos din partea dvs. Dar dacă, în schimb, fuge, nu alergați după el. Este mai probabil ca acest lucru să se transforme într-un joc distractiv de urmărire pentru cățelul dumneavoastră și veți obține exact opusul.

Pentru comanda "Șezi", luați o recompensă în mâna închisă. Apropiați-o de podea, mișcați-o înainte și înapoi în fața nasului câinelui dumneavoastră și dați comanda "Șezi". Dacă câinele dvs. se culcă pentru că vrea răsfățul, lăudați-l și dați-i răsfățul.

Este important ca, în cazul tuturor exercițiilor, să vă antrenați în pași mici. Nu vă grăbiți, fiți calm și consecvent. De asemenea, poate fi util să folosiți semnale adecvate cu mâna pe lângă comenzile verbale. Atunci proiectul dumneavoastră va reuși cu siguranță.

## Cum să practicați

Arată-i câinelui tău o recompensă în timp ce stai în fața lui. Țineți-o deasupra capului său, astfel încât să fie nevoit să o ridice brusc pentru a o privi. Cei mai mulți câini stau jos pentru confort, deoarece este mai ușor să nu pierzi din ochi răsfățul în timp ce stai jos. Puteți, de asemenea, să apăsați ușor pe partea din spate dacă câinele dumneavoastră nu stă.

Asigurați-vă că nu trebuie să stați în bălți sau pe sticlă spartă. El are încredere în dumneavoastră. Dacă executarea comenzii este inconfortabilă pentru el, în general va căuta unde să se așeze pe viitor.

Recompensați câinele doar atunci când stă jos, adică atunci când partea din spate atinge solul. De îndată ce câinele dumneavoastră a înțeles comanda, exersați "Șezi" cu el atunci când stă lângă dumneavoastră. Mai târziu, ar trebui să facă acest lucru și atunci când îi dați comanda de la distanță.

*Semnal vizual*

## În acest fel, căţelul învaţă comanda "Şezi!":

- Căţeluşii tineri care nu au avut încă experienţă cu exerciţiile de învăţare înţeleg foarte repede comenzile "Şezi" şi "Jos".
- Pentru "Şezi", luaţi o bomboană între degetul mare şi cel mijlociu.
- Mutaţi mâna cu mâncarea pe lângă nasul lui.
- De îndată ce fesele se mişcă spre podea, daţi comanda "Şezi!".
- În cazul în care căţelul stă jos, dar apoi încearcă să se ridice pe picioarele din spate, acest comportament trebuie oprit cu un "Nu" tăios.
- Când căţelul s-a aşezat, recompensa este dată imediat.
- Aşteptaţi mai mult de fiecare dată înainte de a-i oferi o recompensă.
- După câteva sesiuni de antrenament, rostiţi comanda "Şezi" fără a oferi o recompensă, deoarece căţelul ar trebui să răspundă doar la semnalul manual.

## Locul

*Animalele se aşează şi se culcă*

Cu această comandă îl scoateţi pe câine din trafic şi mai insistent, pentru că are nevoie de mai mult timp până când se ridică în picioare din poziţia pe care trebuie să o ia atunci când este plasat. Executată corect, el se aşează pe burtă cu picioarele din faţă întinse.

Notă: Nu supraestimați timpul de întârziere. Când câinele dumneavoastră vrea, se ridică din picioare și fuge într-o clipă. Construiți o barieră mentală, nu una fizică. Câinele dumneavoastră trebuie să nu se supună în mod activ comenzii dumneavoastră înainte de a fugi. Acest lucru îl împiedică adesea să fugă necontrolat. Dacă reacționați rapid, de obicei îl puteți opri cu o comandă înainte ca el să facă vreun rău sau să i se întâmple ceva.

Puteți începe să antrenați această comandă imediat ce câinele stăpânește comanda "Șezi". El trebuie să accepte că nu are voie să se ridice în picioare, așa că posteriorul său trebuie să rămână pe pământ.

Luați o recompensă în mână și aduceți-o aproape de sol în fața câinelui dumneavoastră. Țineți-o în mână. Câinele dvs. ar trebui să fie capabil să o miroasă. Repetând comanda "Șezi", interziceți-i să se ridice în picioare pentru a lua răsfățul.

Prin urmare, trebuie să se întindă pe podea, cu picioarele din față întinse, pentru a ajunge la recompensă fără să se ridice în picioare. Spuneți "Jos" de îndată ce se culcă și recompensați câinele.

Atunci când stăpânește "Șezi" și "Jos", combinați exercițiul cu "Stai". Cu acesta din urmă îi interziceți câinelui dumneavoastră să vă urmeze. Cu toate acestea, el poate decide singur dacă stă în picioare, se așează sau se culcă. Prin combinația de comenzi stabiliți, de asemenea, postura în care trebuie să stea.

Creșteți dificultatea sărind în fața câinelui, aruncând o minge sau mergând în jurul lui. Dar nu exagerați. Dacă câinele dumneavoastră vrea să se ridice, trimiteți-i din nou "Șezi", dar anulați comanda după câteva secunde.

## În acest fel, cățelul învață comanda:

- Odată ce câinele s-a așezat pe locul său sau pe pătură, îl puteți mângâia în timp ce spuneți "Șezi" de mai multe ori. În acest fel, el asociază cuvântul "stai" cu o experiență pozitivă.
- De îndată ce observați cățelul este obosit, atrageți-l în coșul său, de exemplu cu o recompensă. Dacă se întinde în coș, repetați cuvântul "Șezi".
- După ce ați repetat acest exercițiu pentru o perioadă de timp, următorul pas este să încercați să trimiteți cățelul la pătură sau la coșul său doar spunând cuvântul "stai". Dacă acest lucru se întâmplă fără alte probleme, atunci se cuvine o mare laudă.

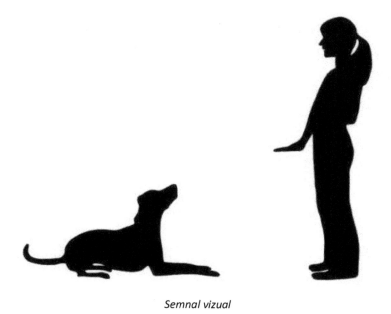

*Semnal vizual*

## Recuperare

Recuperarea implică, de asemenea, predarea de către câine a "prăzii" sale. Această parte a exercițiului are sens. La urma urmei, nu trebuie să reacționați întotdeauna cu o interdicție dură de "oprit" atunci când câinele dumneavoastră ține în prinsoare ceva pe care doriți să i-l luați. Încercați un schimb.

Oferiți-i câinelui o recompensă și spuneți-i "pune-l jos". Câinele este liber să decidă dacă vrea sau nu să ia recompensa. Dacă vrea să o ia, va trebui să pună jos ceea ce are în gură. Dați câinelui răsfățul și întindeți imediat mâna după obiectul de schimb. În niciun caz câinele dumneavoastră nu trebuie să le primească pe amândouă.

*Semnal vizual*

## Indisciplină

Termenul "disciplină" în dresajul câinilor înseamnă reguli şi limite care trebuie respectate. Fiecare creatură vie din această lume este disciplinată într-un fel şi urmează anumite legi. Acest lucru este valabil şi pentru câinele dumneavoastră. În mediul în care trăiţi, el trebuie să respecte regulile pe care dumneavoastră, în calitate de lider de haită, le-aţi stabilit. Dumneavoastră decideţi când să mănânce şi când să iasă la plimbare. De asemenea, tu decizi când se poate juca câinele tău, când te poţi antrena cu el şi unde şi când poate săpa gropi. Nu există nici un "dacă" şi nici un "dar" în această privinţă... se face aşa şi nu altfel. Acum, bineînţeles, trebuie să "explicaţi" acest lucru câinelui dumneavoastră, astfel încât să nu dea dovadă de lipsă de disciplină faţă de nimeni. Acesta este singurul mod în care vă puteţi trata câinele cu consideraţie faţă de mediul său.

Dar ce ar trebui să faceţi dacă prietenul dumneavoastră cu patru picioare nu vrea să se comporte deloc disciplinat? În primul rând, uitaţi-vă la dumneavoastră. Sunteţi disciplinat faţă de câinele dumneavoastră? Vă acceptă ca lider de haită? Probabil că aceste puncte nu se aplică şi trebuie să lucraţi la ele. Înfruntă-ţi prietenul cu patru picioare în poziţie verticală şi energică, pentru că tu eşti animalul alfa şi toţi ceilalţi trebuie să te urmeze. Fiţi consecvent şi nu permiteţi nicio excepţie. Acesta este primul pas pentru a vă învăţa câinele disciplina.

Cu toate acestea, atunci când se predă disciplina, se aplică şi următoarele reguli: Întotdeauna se lucrează cu întăriri pozitive (mângâieri, dulciuri) şi niciodată cu pedepse (loviri, strigăte). Aşadar, lăudaţi-vă prietenul cu patru picioare atunci când îşi mestecă jucăria. Dar dacă vă calcă în picioare pantoful, strigaţi un "nu" tăios şi scoateţi-i pantoful. Acum ar trebui să vă ignoraţi câinele pentru o perioadă scurtă de timp. Dacă acum îşi acceptă jucăria pentru a o mesteca, lăudaţi-l din belşug. Ţineţi cont de faptul că pantofii sunt tabu şi nu vă vine ideea de a-i oferi "bietului" câine un pantof uzat pe care să îl mestece. El nu va putea face diferenţa între un pantof nou, scump şi unul vechi şi ieftin. L-aţi confunda foarte mult.

Disciplina înseamnă, de asemenea, că ar trebui să vă stabiliţi un program zilnic fix. Stabiliţi când îi daţi de mâncare câinelui, când îl scoateţi la plimbare şi când vă jucaţi sau vă îmbrăţişaţi cu el. Un câine are, de asemenea, un ceas intern şi ştie rapid ce trebuie făcut şi când. Acest lucru face ca traiul împreună cu prietenul dumneavoastră cu patru picioare să fie mult mai uşor.

## Lătrat excesiv

În primul rând, trebuie spus că lătratul este un comportament natural al câinelui. În afară de limbajul corporal, acesta comunică cu semenii săi prin lătrat. În funcţie de rasă, lătratul frecvent poate fi normal, în timp ce alte rase abia scot un sunet. Dar lătratul permanent nu este în firea niciunui câine. Un astfel de comportament poate avea cauze diferite, dar toate au un efect foarte neplăcut asupra vieţii de zi cu zi. Dacă câinele dumneavoastră latră nepotrivit de mult şi de tare, poate provoca probleme în cartier. Nici măcar pe pista pentru câini nu mai eşti binevenit cu prietenul tău cu patru picioare, pentru că cine vrea să aibă lângă tine un lătrător?

Primul lucru pe care trebuie să-l faci este să afli de ce câinele tău latră atât de mult. Ce îl face să fie nevoit să atragă atenţia celor din jur? De exemplu, latră excepţional de tare atunci când sună soneria de la uşă sau poate atunci când vede păsări sau pisici în grădină? Oamenii care trec pe lângă el ar putea, de asemenea, să declanşeze acest lătrat, de exemplu, dacă sunteţi la plimbare. Sau poate câinele dvs. latră doar din plictiseală când este singur acasă sau pur şi simplu pentru că vă solicită atenţia.

Odată ce aţi localizat cauza, puteţi lucra asupra ei. Dacă câinele dumneavoastră latră atunci când sună soneria sau când sunt oameni pe proprietatea dumneavoastră, acest lucru se numeşte "lătrat de alarmă". Acesta este modul său de a vă spune ce a observat. Cu toate acestea, nu ar trebui să existe aici lătrat excesiv. Ar trebui să încercați să îi distrageți atenția. De exemplu, trimiteți-l la locul lui cu jucăria lui preferată. Dacă câinele dumneavoastră se supune și mestecă jucăria în loc să latre, recompensați-l cu o recompensă. Acum exersați această procedură de fiecare dată când câinele dumneavoastră începe să latre.

De asemenea, puteți încerca să vă desensibilizați prietenul cu patru picioare la sunetele care declanșează lătratul. Acest lucru se mai numește și contra-condiționare. Pentru a face acest lucru, trebuie să înregistrați sunetele și apoi să le ascultați prietenului dumneavoastră cu patru picioare. Faceți acest lucru în liniște la început și creșteți volumul în timp. Asigurați-vă că sunetele originale nu se produc în timpul în care exersați, astfel încât câinele dvs. să nu fie neliniștit. Gândiți-vă întotdeauna la recompensă atunci când prietenul dumneavoastră cu patru picioare răspunde așa cum ați dori. Cu timpul, se va obișnui cu sunetele și nu va mai lătra în mare măsură, ci va rămâne calm și relaxat.

Atunci când latră la pisici, păsări sau alte creaturi de pe proprietatea dumneavoastră, numai o rechemare fiabilă va fi de ajutor. Oricum, ar trebui să vă învățați câinele acest lucru de timpuriu, astfel încât să îl puteți chema din situații riscante. Din nou, lucrați cu recompense sub formă de dulciuri. În acest fel, câinele dvs. învață că merită să vină la dvs. atunci când îl chemați. La urma urmei, el poate spera oricând la o gustare grozavă, iar atenția lui va fi concentrată asupra ta în loc de păsări și pisici.

Dacă prietenului tău cu patru picioare îi place să asedieze pervazul ferestrei și să latre la cei care trec pe lângă el, refuză-i acest loc de culcare. În schimb, oferiți-i un loc alternativ și lăsați-l să se joace cu jucăria lui preferată, de exemplu. Sau dați-i un os de mestecat pentru a-l ține ocupat. În grădină, folosiți din nou rechemarea. Nu vă lăsați animalul de companie să rămână singur în grădină până când nu se obișnuiește să latre, astfel încât să puteți observa întotdeauna comportamentul și să interveniți dacă este necesar.

Dacă câinele tău latră atunci când ieși din casă și trebuie să-l lași singur, înseamnă că suferă de anxietate de separare. Câinii sunt animale foarte sociabile și le place să trăiască într-o haită, în cazul dumneavoastră în familie. Dacă este singur, se simte inconfortabil și îi este dor de tine. Începeți să vă lăsați prietenul cu patru picioare singur în apartament la intervale scurte de timp. La început, puteți părăsi doar camera în care se află câinele și observați cum se comportă. Lăsați ca perioadele în care rămâne singur să devină din ce în ce mai lungi. Câinele dvs. trebuie să învețe că poate avea încredere în dvs. și că vă veți întoarce. Pentru a-i distrage atenția, puteți, de exemplu, să lăsați radioul deschis. Acest lucru îi oferă ceva la care să se concentreze în timp ce sunteți plecat. Poate că o minge de mâncare sau un os de mestecat vă va ajuta, de asemenea, să îl țineți ocupat pe prietenul dumneavoastră cu patru picioare. În orice caz, ar trebui să vă asigurați că este deja puțin ocupat și obosit atunci când trebuie să plecați. Câinele dvs. probabil că îi va lua locul și va dormi în timpul absenței dvs. Așa că scoateți-l la plimbare sau jucați-vă cu el în prealabil. Când vine momentul să plecați, nu faceți o dramă din asta, adică nu-i spuneți la revedere în mod exuberant sau ceva de genul acesta. De asemenea, nu ar trebui să dramatizați venirea acasă. Pentru prietenul dumneavoastră cu patru picioare, ar trebui să fie complet natural și în regulă să plecați din casă, dar și să vă întoarceți. În plus, ar trebui să schimbați întotdeauna "rutina de plecare", astfel încât câinele dumneavoastră să nu reacționeze anxios în prealabil, deoarece bănuiește că în curând va fi singur. Dacă țineți cont de aceste mici sfaturi, câinele dumneavoastră nu se va simți inconfortabil atunci când este lăsat singur acasă.

Atragerea atenției prin lătrat ar putea fi un alt motiv pentru care prietenul dumneavoastră cu patru picioare latră neîncetat. Singurul lucru care vă ajută în acest caz este să-l ignorați. Dacă reacționați în vreun fel la acest lătrat, câinele dumneavoastră crede că face totul bine. Vrea atenția ta și o va primi. Așteptați o vreme pentru a vedea dacă câinele dumneavoastră se oprește singur din lătrat. Dacă o face, răsplătiți-l pe larg cu atenția dumneavoastră sau cu o recompensă. Dacă nu, dați-i comanda de a se așeza sau de a se culca pe scaunul său. Când s-a liniștit și a încetat să mai latre, răsplătiți-l.

Dar poate că prietenul tău cu patru picioare are prea puține "de făcut". Atunci se plictisește foarte repede și acest lucru ar putea evolua în lătrat enervant. Trebuie să se ocupe cu ceva și, dacă nu există nimic altceva, va lătra cu putere. Singurul lucru care ajută aici este o activitate suplimentară. Ieșiți la plimbare mai des, antrenați-vă câinele să facă mici trucuri de mai multe ori pe zi sau jucați-vă pe îndelete cu partenerul dumneavoastră. Veți avea succes mai repede decât credeți.

Când vă plimbați, câinele dumneavoastră latră neîncetat la alți câini? Acest lucru poate avea două cauze - fie pentru că câinele dvs. nu poate ajunge la celălalt câine pentru că este în lesă, fie pentru că se simte neliniștit și se teme de celălalt câine. În astfel de cazuri, ar trebui să căutați ajutor profesional la o școală bună de dresaj canin. Dresorii sunt bine pregătiți pentru aceste probleme și vă pot ajuta astfel încât câinele dumneavoastră să reacționeze din nou calm și senin atunci când amândoi vă întâlniți cu alți consăteni.

Dacă toate sfaturile sugerate aici nu vă ajută cu adevărat, nu începeți sub nicio formă să vă pedepsiți câinele pentru a-l face să nu mai latre. Acest lucru nu va funcționa. S-ar putea să latre mai puțin, dar să-și descarce frustrarea pe alte lucruri. Problema nu va fi rezolvată, ci doar amânată. Și în acest caz, căutați ajutor la o școală canină din apropiere.

## Teama de a conduce

Cu siguranță nu veți evita să vă transportați câinele în mașină la un moment dat. Să sperăm că prietenul tău cu patru picioare este unul dintre cei cărora le place să călătorească în mașină, pentru că atunci poți aștepta cu nerăbdare fiecare călătorie cu mașina într-un mod relaxat.

Totuși, dacă se întâmplă contrariul, nu trebuie să disperați, există multe modalități prin care puteți înlătura frica câinelui dumneavoastră. În acest capitol puteți afla care este cea mai bună modalitate de a face acest lucru.

Bineînțeles, ar fi bine să știm ce anume îl sperie pe câinele dumneavoastră atunci când merge în mașină. A avut poate o experiență neplăcută în trecut? Prima sa călătorie l-a dus la veterinar? S-ar putea să asocieze acest lucru și să puncteze negativ la condus. Sau poate că pur și simplu câinelui dvs. nu-i place sunetul motorului sau faptul că dvs. conduceți îl face să se simtă inconfortabil. De asemenea, este posibil ca el să asocieze mașina cu durerea pentru că odată și-a prins accidental coada sau laba în ușă. Cu siguranță nu este întotdeauna ușor de înțeles de ce câinele dumneavoastră se teme de mașină.

Cu toate acestea, puteți să-i transmiteți animalului dvs. de companie că mașina dvs. nu reprezintă un pericol pentru el. Dar abordați-l cu calm și cu bun simț, fiecare mic progres contează. Primul lucru pe care l-ați putea face este să-i arătați mașina. Lăsați câinele să adulmece mașina staționată, să se plimbe de-a lungul ei și da... un câine mascul ar putea acum să-și ridice și piciorușul pe anvelopă. Trebuie să trăiți cu asta acum. Dacă prietenul dumneavoastră cu patru picioare nu manifestă nicio teamă, lăudați-l din belșug. Repetați acest exercițiu de câteva ori înainte de a trece la pasul următor.

Acest lucru ar putea arăta astfel: Cereți unui ajutor să pornească motorul și apoi conduceți câinele la vehicul. Radiați calm și calm; acest lucru se va transmite și câinelui dumneavoastră. Acum poate inspecta "cutia de tablă" înfricoșătoare din exterior și se poate obișnui cu sunetul motorului în funcțiune. În curând, cu ajutorul dumneavoastră, va realiza că nu i se poate întâmpla nimic. Este posibil să fie nevoie de mai multe încercări înainte ca prietenul dumneavoastră cu patru picioare să îndrăznească să se apropie de mașină. Dacă nu-i place să se apropie, nu-l forțați, ci îndepărtați-vă și ocupați-vă de el în altă parte. Totuși, încercați să vă apropiați de vehicul cu motorul pornit împreună cu câinele dumneavoastră, din nou și din nou, la intervale adecvate. În cele din urmă își va depăși teama și va deveni curios. În acest caz, nu uitați să îl recompensați pe larg.

Dacă credeți că prietenul dumneavoastră cu patru picioare ar putea fi suficient de liniștit pentru a începe următorul exercițiu cu mașina, încercați următoarele: Organizați un joc de căutare de recompense în jurul mașinii. Lăsați-l să vă privească cum depuneți dulciurile lângă, în fața, în spatele și în interiorul mașinii. În portbagaj, ați putea plasa o pătură deja folosită de câinele dvs. ca un mic ajutor. Mirosul familiar îl va face să sară mai ușor înăuntru. Acum lăsați-l să caute, să găsească și să ronțăie o recompensă după alta. Arătați-i, de asemenea, că în interiorul vehiculului îl mai așteaptă dulciuri. S-ar putea să nu-i placă să urce complet în mașină de prima dată, așa că dați-i timp și aveți răbdare. Câinele dvs. își va da seama în curând că grămada de conserve este inofensivă și va da drumul cu plăcere la ronțăieli.

Dacă a funcționat bine de mai multe ori la rând și animalul dumneavoastră de companie intră în vehicul fără teamă, este timpul să închideți ușile. Pentru aceasta, ați ales o recompensă care să vă țină animalul de companie ocupat pentru o perioadă de timp, poate un os de mestecat care îi place. Dacă prietenul dumneavoastră cu patru picioare stă acum în portbagaj mestecând într-un mod relaxat, închideți ușa. Imediat după aceea, însă, deschideți din nou mașina pentru a vedea cum se descurcă. Dacă dă semne de anxietate, repetați pașii anteriori înainte de a începe să închideți din nou ușa portbagajului. Din nou, câinele dumneavoastră va avea curând încredere în dumneavoastră și va înțelege că nu există niciun pericol.

În acest caz, țineți portbagajul închis și porniți motorul. Aveți întotdeauna câinele la vedere, astfel încât să-i puteți vedea și recunoaște reacția. Prima dată, lăsați mașina să funcționeze doar pentru scurt timp și opriți-o din nou imediat. Dacă câinele rămâne calm, prelungiți perioadele până când sunteți gata să parcurgeți primii câțiva metri. De asemenea, ar trebui să mențineți această sesiune de antrenament foarte scurtă la început și apoi să o prelungiți în continuare. Dacă câinele dumneavoastră rămâne calm, mergeți puțin cu el la volan, dacă reacționează cu teamă, lăsați-l la o parcare și la o desparcare. În timp, teama va dispărea și poate că îi va face plăcere să meargă cu mașina. Aveți răbdare și multe, multe răsfățuri... atunci condusul va deveni în curând o bucurie.

# Încăpățânare

Uneori, câinii sunt numiți încăpățânați pentru că pur și simplu nu vor să se supună. Cu toate acestea, aceasta este de obicei o neînțelegere, deoarece niciun câine nu este încăpățânat sau nu se supune pentru că vrea să își enerveze omul. Mai degrabă, ar putea fi vorba de faptul că pur și simplu câinele dvs. pur și simplu nu cunoaște încă comanda sau nu o cunoaște corect și, prin urmare, nu îi este clar. De asemenea, este posibil ca prietenul dumneavoastră cu patru picioare să nu vadă niciun avantaj în a vă asculta în acest moment și, prin urmare, nesupunerea i se pare mai satisfăcătoare pentru el. Sau poate fi vorba de stimuli externi care îl deranjează pentru că nu a învățat încă cum să le facă față.

Dacă aveți impresia că prietenul dumneavoastră cu patru picioare este încăpățânat, trebuie să schimbați antrenamentul astfel încât să devină din nou interesant. Exersați în intervale de timp mai mici și începeți fără stimuli și distrageri externe. Odată ce câinele dvs. a învățat lecția, creșteți dificultatea prin adăugarea de distrageri. Acestea pot fi zgomote care nu sunt prezente în mod normal sau prezența altor persoane în apropiere. Când o comandă se potrivește bine cu stimulii externi, exersați și alte comenzi în același mod. În acest fel, câinele dumneavoastră va deveni mai consolidat și mai puțin distras.

Ca întotdeauna, este nevoie de multă răbdare din partea dumneavoastră. Câinele dumneavoastră are o toleranță foarte scăzută la frustrare. Acest lucru înseamnă că se frustrează rapid dacă un exercițiu durează prea mult sau este prea dificil. Concentrarea cade atunci pe marginea drumului, iar el devine obosit și apatic. Situația îl copleșește pe prietenul dumneavoastră cu patru picioare și este etichetat rapid ca fiind încăpățânat. Dar nu este cazul. Prin urmare, este mai bine să aveți întotdeauna intervale scurte de exerciții fizice decât să faceți ore întregi de antrenament.

Luați în considerare și rasa din care face parte animalul dumneavoastră de companie. Există mai multe rase de câini care sunt numite încăpățânate, dar care nu sunt. Printre acestea se numără câinii de vânătoare și câinii de pază. Astfel de rase au fost crescute pentru a lua decizii pe cont propriu și, de asemenea, pentru a pune la îndoială uneori comenzile stăpânului tău. Acești câini sunt extrem de inteligenți și, instinctiv, nu își urmează întotdeauna stăpânul pentru că pot și trebuie să acționeze pe cont propriu fără ajutorul omului. În acest caz, ar trebui să vă faceți din nou mai interesant pentru câinele dumneavoastră, astfel încât să vă acorde atenție și să vă asculte. Aveți întotdeauna la îndemână răsfățuri care să facă să merite pentru câinele dvs. să vină la dvs. și să vă asculte comanda. Dacă aveți lângă dumneavoastră un excelent gură-cască de răsfăţ, nu ar trebui să fie atât de dificil să îl motivaţi să coopereze cu dumneavoastră. Puterea dumneavoastră de convingere sub formă de cârnaţi de ficat pentru câini & co. ar trebui să fie suficientă pentru a-l face pe câinele dumneavoastră să înţeleagă că merită întotdeauna să vă asculte.

În cazul în care animalul dumneavoastră de companie nu este interesat de dulciuri, singurul lucru care îl va ajuta este o activitate suficientă. Poate că ar trebui să lucraţi puţin şi la legătura cu câinele dumneavoastră, pentru că, dacă există probleme aici şi legătura dintre voi doi nu este încă foarte solidă, nu ar fi surprinzător faptul că obedienţa lipseşte. Încrederea reciprocă este baza şi multă, multă răbdare este condimentul. Puteţi afla acum multe alte sfaturi utile despre dresajul căţeilor.

În principiu, nu vă va fi foarte greu să vă dresaţi buldogul francez. Datorită naturii sale deschise şi prietenoase, este dispus să facă orice. Cu toate acestea, în ciuda a toate, are nevoie de consecvenţa şi perseverenţa dumneavoastră, altfel nu veţi avea succes.

Începeţi să vă dresaţi micul animal de companie cât mai devreme posibil, deoarece cu cât câinele este mai tânăr, cu atât învaţă mai bine pentru toată viaţa. Marele Danez va continua să înveţe şi la vârsta adultă, dar până atunci s-ar putea să se fi strecurat câteva "ciudăţenii". Este mai dificil să "scăpaţi" de ele.

Pentru tine, acest lucru înseamnă că trebuie să îl înveţi şi tu pe bătăuşul tău ce nu este permis. Acesta ar fi, de exemplu, să mestece pantofii sau piesele de mobilier.

Nu uitaţi că puiul dumneavoastră ştie foarte bine cine este liderul haitei. El a fost deja învăţat acest lucru de către mama sa. În casa dvs. va învăţa şi el acest lucru foarte repede. Cu toate acestea, el vă va provoca din nou şi din nou pentru a afla dacă vă poate smulge dominaţia.

Lucraţi cu aşa-numita întărire pozitivă. Acest tip de dresaj necesită multe laude sub formă de dulciuri şi mângâieri - tot ceea ce micul Mare Danez adoră. Veţi învăţa mai târziu cum să folosiţi cel mai bine întărirea pozitivă.

Antrenaţi un singur lucru pe rând, astfel încât să evitaţi suprasolicitarea câinelui. Va trebui să repetaţi exerciţiile de mai multe ori pentru ca Bully-ul dumneavoastră să nu uite nimic. De asemenea, ar trebui să antrenaţi din nou şi din nou comenzile pe care le-aţi învăţat deja.

Bineînţeles, de multe ori veţi experimenta că un exerciţiu nu funcţionează imediat. Marele Danez trebuie mai întâi să înveţe să înţeleagă ce doriţi de la el. Aveţi răbdare şi exersaţi de mai multe ori.

Strigătele puternice şi pedepsele nu-şi au locul în dresajul câinilor. Bulldogul dumneavoastră francez şi-ar pierde imediat încrederea acordată. Iar fi frică de dumneavoastră și, în cel mai rău caz, ar trece la modul de atac. Ca urmare, creșteți un câine cu probleme și un astfel de comportament nepotrivit este dificil, dacă nu imposibil, de reparat. Rămâneți întotdeauna calm, dar ferm... și răbdător. Bulldogii francezi sunt foarte speciali, la fel și ciudățeniile lor ... și nu le place să se lipsească de ele.

# PRIMELE COMENZI IMPORTANTE

În primul rând, micul cățeluș trebuie să își cunoască numele și să înțeleagă ce înseamnă când îi spuneți acest nume. Prin urmare, continuați să vă adresați dragului dvs. cu numele ales. Între timp, încercați să atrageți atenția cățelușului și, atunci când acesta se uită la dumneavoastră și vă răspunde, răsplătiți-l pentru asta. Acest lucru este, bineînțeles, ceva grozav pentru micuț și s-ar putea să își asculte mai repede numele data viitoare când îl veți striga.

Comenzile simple, cum ar fi "stai jos" și "jos", sunt următoarele pe lista de lucruri de făcut. Ca și în cazul oricărui alt lucru, aveți nevoie de multă răbdare până când cățelul dvs. înțelege ce așteptați de la el. Ați putea lua în considerare participarea la o școală de dresaj canin. O astfel de activitate nu numai că are un bun efect de învățare pentru amândoi, dar îi oferă și o bună socializare Bully-ului tău, deoarece aici are ocazia să întâlnească o mulțime de oameni străini și alți câini. Cu toate acestea, nu este atât de dificil să antrenezi singur primele comenzi cu Bulldogul tău francez. De exemplu, pentru a exersa "Șezi", luați o recompensă în mână și țineți-o deasupra capului câinelui dumneavoastră. În timp ce faceți acest lucru, dați comanda "Sit". Cățelușul dumneavoastră va arăta în mod natural un mare interes și își va ridica capul. Acum, mișcați mâna cu răsfăț puțin înapoi. Micul ticălos își va întoarce și el nasul înapoi și, ca prin minune, fundul său va atinge podeaua. Câinele face "șezi". Dacă nu funcționează imediat, puneți puțină presiune pe fundul câinelui și susțineți-l în exercițiu. Apoi, dați câinelui o recompensă ca recompensă.

"Sit" ar fi următorul exercițiu pe care îl puteți antrena. Mai întâi lăsați câinele să facă "Șezi". Acum dați comanda "Șezi" și coborâți mâna pe podea cu o recompensă în ea. Nasul câinelui dvs. vă va urmări mâna pentru că vrea să prindă recompensa. Dacă nu se culcă imediat cum trebuie, îl puteți sprijini trăgându-l ușor de labe în față. Oferiți recompensa în momentul în care câinele dumneavoastră se întinde.

Comanda "Rămâi" este puțin mai solicitantă. Câinele dumneavoastră trebuie să fie în poziția "Șezi". Acum dați comanda "Stai". Ar putea fi util pentru buldogul dumneavoastră dacă îi dați și un semnal vizual. Acesta poate fi brațul dumneavoastră întins în direcția câinelui. Apoi faceți unul sau doi pași înapoi, dar păstrați contactul vizual cu câinele. Dacă acesta sare și vine spre dumneavoastră, repetați exercițiul. Dacă rămâne așezat, lăudați-l și dați-i răsfățul. Odată ce dresajul s-a consolidat, măriți treptat distanța față de prietenul dumneavoastră cu patru picioare până când, la un moment dat, vă întoarceți și dumneavoastră și vă îndepărtați.

Comenzile "Fie", "Off" și "Nu" sunt extrem de importante pentru câinele dumneavoastră, deoarece acestea i-ar putea salva viața într-o zi. Când îi comandați "Off", trebuie să arunce imediat obiectul sau ceva comestibil din gură. Puteți exersa acest lucru cu o jucărie pe care Marele Danez o are în gură. Dați comanda "Off" și luați obiectul de lângă patrupedul dumneavoastră cu o strângere fermă, dar nu aspră. Va trebui să exersați acest exercițiu de mai multe ori până când animalul dvs. de companie va înțelege ce așteptați de la el. Nu uitați să îl recompensați atunci când v-a îndeplinit dorința.

Folosiți comanda "Fie" atunci când prietenul dvs. cu patru picioare vrea să adulmece ceva necunoscut sau chiar să îl ridice. Din nefericire, deseori sunt puse momeli otrăvitoare, care vă pot ucide cu ușurință câinele. De aceea, această comandă este foarte importantă. Cel mai simplu mod de a exersa această comandă este în lesă. Așadar, ori de câte ori prietenul dumneavoastră cu patru picioare adulmecă ceva și nu vreți să o facă, dați comanda "Fie" și trageți-l ușor înapoi în lesă. De asemenea, puteți pune în mod deliberat "momeala" înainte de a ieși la plimbare, astfel încât să puteți exersa mai intens.

Pentru a putea trăi împreună cu buldogul francez fără probleme, este important să stabiliți reguli. Acestea trebuie să fie respectate și de toți ceilalți membri ai familiei. Dacă buldogul nu are voie să facă ceva cu dumneavoastră, dar i se permite să facă acel lucru cu alte persoane din gospodăria dumneavoastră, nu poate ști ce este bine și ce este rău. Iar micul ticălos va face în cele din urmă ceva greșit ...

Atunci intervine comanda "Nu". Dacă sare pe scaun, de exemplu, ceea ce nu are voie să facă conform regulilor pe care le-ați stabilit, îi comandați "Nu" și îl aduceți din nou jos. Dacă toți membrii familiei reacționează în același mod, prietenul dumneavoastră cu patru picioare va înțelege rapid ce înseamnă "Nu".

Indiferent de comanda pe care o exersați cu Marele Danez, nu trebuie să o suprasolicitați. Întotdeauna antrenați-l în unități scurte de aproximativ zece minute și încheiați lecția cu o experiență pozitivă. În acest fel, micul dvs. prieten nu își va pierde motivația și va aștepta cu nerăbdare următoarea sesiune de antrenament.

# ÎNTĂRIREA POZITIVĂ

Întărirea pozitivă este atunci când câinele este recompensat după un comportament dorit. Înseamnă că ceva pozitiv (recompensa) este adăugat la acțiunea câinelui pentru a-l încuraja să îndeplinească comportamentul mai des.

Pentru câinele dumneavoastră, înseamnă pur și simplu că anumite comportamente sunt recompensatoare pentru el și, prin urmare, le va manifesta mai des în viitor. Nu trebuie să vă îngrijorați că câinele dumneavoastră va executa comenzile dumneavoastră doar în schimbul unei "plăți". Desigur, aceasta este o mică mită, dar îl va face pe prietenul dumneavoastră cu patru picioare mult mai cooperant cu dumneavoastră. Îi veți promova încrederea în sine și veți reuși să construiți o legătură mult mai puternică cu el.

Acest tip de antrenament a fost dovedit științific. Prin întărire pozitivă, câinele învață mai durabil și mai rapid. De aceea, pedeapsa nu ar trebui să fie folosită niciodată. Prietenul cu patru picioare va învăța cu siguranță ce are voie să facă și ce nu are voie să facă și dacă comportamentul său a fost corect sau greșit. Cu toate acestea, în calitate de îngrijitor, veți pierde, de asemenea, orice încredere pe care ați fi putut să o construiți cu câinele dumneavoastră. Acesta va deveni timid și timid de frica dumneavoastră și poate chiar agresiv.

Desigur, trebuie să aveți grijă să nu recompensați accidental un comportament nedorit al câinelui dumneavoastră. Acest lucru se poate întâmpla rapid. Trebuie să înveți să recompensezi comportamentul corect înainte ca un comportament nedorit să se manifeste, pentru că astfel nu se va întâmpla de la bun început. Dacă Bulldogul tău francez manifestă unul sau altul dintre comportamentele pe care nu le dorești, atunci ignoră-l pe prietenul cu patru picioare până când se comportă din nou "sensibil".

Dacă patrupedul dvs. face greșeli în timpul antrenamentului, acestea sunt, bineînțeles, pentru a învăța din ele. Cu toate acestea, nu ar trebui să îl confruntați cu greșeala pe care a făcut-o. Chiar dacă l-ați corecta pe un ton neutru, el ar învăța mai greu și ar face greșeli mai des. Dacă se întâmplă o astfel de greșeală, nu reacționați deloc timp de două-trei secunde. Nu spuneți nimic, nu faceți nimic și nu recompensați. După acest scurt timp, lăsați câinele să facă un exercițiu pe care îl poate face în siguranță și apoi dați-i o recompensă. Acum exersați din nou sarcina "eșuată".

Multe lucruri pot fi considerate drept recompensă pentru animalul dumneavoastră de companie. În primul rând, probabil că este vorba de dulciuri. Cu toate acestea, există însă și indivizi care nu sunt atât de pasionați de dulciuri, ci preferă să se joace sau să se îmbrăţişeze. Trebuie să afli ce îi place cel mai mult animalului tău de companie înainte de a-l antrena, pentru că ar trebui să ai pregătite şi recompense speciale pentru sarcini speciale.

Cu bunătăţile, este întotdeauna aşa ceva. De obicei, acestea conţin o mulţime de calorii, pentru că se presupune că au un gust deosebit de bun. Şi, după cum ştiţi deja, mulţi Bulldogi francezi au deja destule probleme cu greutatea lor. Atunci când cumpăraţi bunătăţi, asiguraţi-vă poate că sunt sărace în calorii. S-ar putea, de asemenea, să aveţi chef să le preparaţi chiar dumneavoastră. În acest fel, veţi şti întotdeauna ce ingrediente se află în ele. În caz contrar, acordaţi atenţie conţinutului energetic şi reduceţi raţiile de hrană dacă este necesar, dacă sunt folosite prea multe dulciuri.

Şi în acest caz, nu uitaţi să nu vă suprasolicitaţi iubitul. Indiferent cât de distractiv este pentru toţi cei implicaţi, aerul se va termina în cele din urmă. De îndată ce observaţi semne de oboseală, opriţi antrenamentul.

# DE CE ESTE ATÂT DE IMPORTANTĂ SOCIALIZAREA?

Aţi citit deja multe despre o bună socializare. Dar ce este aceasta şi de ce este atât de importantă socializarea câinelui?

O bună socializare înseamnă că prietenul cu patru picioare învaţă încă de la vârsta de pui cum să interacţioneze şi să comunice în mod corespunzător cu alţi câini, cu alte creaturi şi cu oamenii. În plus, el învaţă capacitatea de a reacţiona în mod corespunzător la diferite situaţii. Acest lucru înseamnă că face faţă cu calm şi seninătate chiar şi unor evenimente necunoscute şi neaşteptate pentru el. El învaţă acest comportament parţial de la mama sa, dar şi de la crescătorul său.

Aşadar, dacă Marele Danez este bine socializat, va fi un partener de încredere şi demn de încredere pentru dumneavoastră. Se va descurca în viaţa de zi cu zi alături de dumneavoastră fără probleme de comportament şi va trece prin viaţă cu o prudenţă sănătoasă.

Căţeii au o capacitate de absorbţie deosebit de mare începând cu vârsta de aproximativ patru săptămâni. Această condiţie durează până în jurul celei de-a 20-a săptămâni de viaţă. În această perioadă, câinele dumneavoastră poate învăţa cel mai mult atunci când este confruntat cu multe lucruri şi le percepe ca fiind pozitive.

Dacă aţi ales un crescător bun, acesta va fi început deja procesul de socializare. Acum trebuie să continuaţi acest lucru. Mutarea în noua casă va fi foarte emoționantă pentru micuțul motănel. Dați-i timp să exploreze totul și să cunoască noii membri ai familiei. După câteva zile, ar trebui să se fi acomodat într-o oarecare măsură. De acum înainte, puteți începe să-i arătați tot ceea ce ar putea întâlni în viața de zi cu zi.

# ANGAJARE PENTRU LUPTĂTOR CUDDLER

După cum ați experimentat până acum, Bulldogul francez este foarte ușor de îngrijit. Acest lucru este valabil și pentru activitățile fizice, deoarece nu are pretenții mari la plimbări extinse. Cu toate acestea, ar trebui să îi oferiți prietenului dumneavoastră cu patru picioare suficientă mișcare, pentru că cel care se odihnește, ruginește... și se îngrașă.

Micul tău prieten nu are o mare nevoie de exerciții fizice, dar va accepta cu recunoștință puțină muncă mentală și plimbări scurte pentru o plimbare. Marele Danez vrea să se joace, să se îmbrățișeze și să experimenteze lucruri interesante alături de dumneavoastră. Dacă petreceți mult timp cu prietenul dumneavoastră patruped, acest lucru va asigura, de asemenea, o legătură bună între voi doi. Activitățile comune au și alte avantaje.

Câinele tău învață multe jucându-se cu tine. Dacă lucrați aici cu multe laude și recompense, va fi fericit să o facă.

Micile activități fizice și mentale îl mențin pe prietenul dumneavoastră cu patru picioare sănătos și plin de viață.

Dacă îi oferiți suficientă activitate, Bulldogul francez nu se va plictisi. În acest fel, nu va avea "idei stupide" și se poate ocupa singur. Nu este ușor de dresat pentru a îndepărta astfel de obiceiuri proaste.

În plus, o activitate comună poate fi relaxantă pentru prietenul dumneavoastră cu patru picioare, iar dumneavoastră vă veți distra foarte mult. Dar cum vă puteți distra micul luptător într-un mod adecvat?

Primul lucru pe care trebuie să îl faci este să afli ce îi place să se joace și cu ce. Unii câini chiar au jocuri preferate pe care le adoră să le joace. Cu toate acestea, un Bulldog Francez nu este potrivit pentru orice fel de joacă și activitate. Această împrejurare rezultă din anatomia lor.

Așadar, Marele Danez nu vă va putea însoți atunci când faceți jogging sau mergeți cu bicicleta. Pentru acestea din urmă, însă, este posibil să atașați un coș la bicicletă și astfel să-l luați pe micuț cu dumneavoastră. De asemenea, această rasă nu este potrivită pentru înot, deoarece fizicul său o face cu greu capabilă să facă acest lucru.

În schimb, vă puteți juca jocuri de căutare și urmărire cu prietenul dumneavoastră cu patru picioare. De asemenea, s-ar putea să îi placă să recupereze obiecte, dacă botul său scurt îi permite, sau să învețe un truc sau două. În magazine sunt disponibile jucării de inteligență foarte bune, așa că poate că există ceva util pentru Marele Danez. Și pentru ca plimbarea să nu devină plictisitoare, puteți adăuga un mic joc pe ici pe colo sau puteți întări comenzile deja învățate.

Poate că ar trebui să iei o minge de mâncare. Aceasta poate fi umplută cu hrană uscată sau dulciuri. Pentru a ajunge la dulciuri, câinele trebuie să împingă și să rostogolească mingea în mod corespunzător. Doar atunci vor cădea din găuri. Aceasta este o modalitate bună de a vă ține câinele ocupat atunci când nu sunteți acasă.

O altă activitate frumoasă este așa-numitul "Kong". Acesta funcționează în mod similar cu mingea de mâncare, dar nu este fabricat din plastic dur, ci din cauciuc natural. Kong-ul poate fi umplut cu dulciuri uscate sau hrană uscată, dar și cu hrană moale, cum ar fi salamul de ficat sau altele similare. Jucăria este ușor de curățat, o puteți pune și în mașina de spălat vase. Un mic sfat pentru vară: puneți Kong-ul cu conținutul său în congelator. Deoarece Bulldogul dumneavoastră francez trebuie să se lupte mult cu căldura, îi puteți oferi astfel o răcorire.

Trebuie să încerci jocuri de recuperare cu câinele tău. Unii buldogi francezi au probleme în a ridica anumite obiecte. Acest lucru se datorează botului scurtat. Cu toate acestea, majoritatea animalelor pot lua în gură o pungă de mâncare. Probabil că mirosul gustos al bunătăților le motivează. Încearcă și tu.

În casă sau afară, în grădină, puteți juca un joc de căutare pe diferite etaje. Folosiți hrană uscată, care lasă mai puține reziduuri pe covor. Începeți prin a întinde câteva bucăți de mâncare pe o podea simplă și netedă. Acum lăsați-l pe prietenul dumneavoastră cu patru picioare să o caute. Apoi, alegeți o suprafață mai puțin ușor de gestionat pentru dulciuri și lăsați-l să caute din nou.

Bully-ul tău va adora să se joace cu tine. Lăsați-l să vă urmărească, trageți de o frânghie împreună și săpați gropi cu el (poate într-o zonă special amenajată în grădină).

Vedeți, chiar dacă Marelui Danez nu-i place să facă exerciții fizice ore în șir, există totuși o mulțime de modalități de a-l ține ocupat în mod corespunzător.

# ANTRENAMENT PENTRU OBRAZUL MIC ȘI DRĂGĂLAȘ

Pentru a vă transforma câinele drăgălaș într-un companion plăcut, este necesară, desigur, puțină pregătire. Aceasta include, de exemplu, ca el să fie dresat cât mai repede posibil, să meargă decent în lesă și să asculte bine comenzile dumneavoastră. Acum puteți învăța cum să vă dresați buldogul francez.

## Antrenat la domiciliu

Așa-numita "dresură" este unul dintre primele lucruri pe care probabil că le vei exersa cu cățelul tău... și unul dintre cele mai dificile. Va trebui să aduci cu tine mult timp și răbdare și, și aici, se aplică următorul lucru: Nu se va întâmpla peste noapte.

Un cățeluș nu este încă capabil să se oprească pentru mult timp atunci când are nevoie să se ușureze. De aceea, la început va trebui să îl scoateți afară foarte des. Dacă lăsați să se dezvolte o anumită rutină, aceasta va deveni mai ușoară pentru cățeluș în timp. Primul lucru pe care îl faceți dimineața, când vă treziți, scoateți cățelul afară. Dacă și-a făcut treaba cu succes, lăudați-l pe larg. După micul dejun, ieșiți din nou în grădină. Adaptați plimbările pentru pipi la ritmul dumneavoastră de viață, apoi micul dumneavoastră prieten va ști exact când este timpul să iasă afară.

Nu vă bucurați prea curând, pentru că, în mod sigur, o să apară câte o băltoacă pe podea. Dar vă rog să nu vă pedepsiți cățelușul pentru asta, el trebuie să învețe încă să își oprească nevoile. Ștergeți totul fără comentarii după ce ați ieșit cu cățelul să se dezmeticească.

Trebuie să învățați și dumneavoastră să fiți atent la semnalele câinelui dumneavoastră. Veți observa rapid din comportamentul său când este timpul să mergeți în grădină. De exemplu, este posibil ca Marele Danez să vă privească visător și să vrea să se așeze. Acesta ar fi un semnal de alarmă pentru a face pipi. Așa că scoateți-l repede pe micul ticălos afară... și când cățelul dumneavoastră începe să adulmece prin colțurile camerei și să se învârtă în cerc, înseamnă că trebuie să-și facă urgent treaba mare.

La început, nu veți putea dormi toată noaptea, pentru că și cățelul dumneavoastră trebuie să meargă la toaletă în acest moment de nedescris. După trei-patru ore, este timpul să îl scoateți afară, pentru că nu mai reușește să facă mai mult de atât. Cu timpul, puteți prelungi intervalele. La un moment dat, veți reuși amândoi să vă faceți buldogul francez să reziste toată noaptea.

Primele câteva săptămâni vor fi foarte stresante pentru dumneavoastră, dar francezul dumneavoastră va învăța să vă arate când trebuie să iasă afară. Fiți atenți la semnalele insistente. Acestea se pot manifesta prin faptul că prietenul dumneavoastră cu patru picioare se așează în fața dumneavoastră și vă privește cu expectativă, dar poate, de asemenea, să se grăbească spre ușa din față și să se așeze acolo. Nu ignorați acest comportament, ci ieșiți în fața ușii cu câinele dumneavoastră pentru ca acesta să-și facă nevoile.


## Recuperare

Retragerea în siguranță a câinelui dumneavoastră este una dintre cele mai importante comenzi pe care acesta ar trebui să le învețe. Dacă îl puteți chema la dumneavoastră din orice situație imaginabilă, îi puteți salva viața sau puteți evita alte "accidente". Este de neconceput dacă câinele dumneavoastră aleargă brusc pe o stradă aglomerată sau spre un grup de copii de grădiniță pentru a fi mângâiat.

În plus, îi puteți oferi mult mai multă libertate Marelui Danez dacă aveți încredere deplină în el, făcându-l să răspundă și să se supună în siguranță comenzilor dumneavoastră.

Dar acum mai trebuie să vă "antrenați" prietenul cu patru picioare să reziste la orice stimuli atunci când îl chemați. Acest lucru înseamnă că trebuie să îi oferiți un stimulent mai recompensator pentru el. Așadar, asigurați-vă că câinele dumneavoastră vede întotdeauna ceva pozitiv în rechemarea sa. Recompensează-l cu răsplata lui absolut preferată atunci când ascultă comanda ta și vine la tine. Acest lucru se va înrădăcina în mintea prietenului dumneavoastră cu patru picioare și va răspunde imediat când îl chemați, pentru că nu există nimic mai bun decât răsfățul absolut preferat.

Cel mai bine este să începeți în propria grădină, atunci când câinele nu este ocupat cu lucruri importante. Decideți în prealabil o comandă pe care o veți folosi doar pentru rechemare. Gândiți-vă la recompensa specială, astfel încât Marele Danez să aibă întotdeauna un stimulent pentru a veni la dumneavoastră. Trebuie să ajungă să știe că orice altceva devine secundar pentru el atunci când îl chemați. După ce ați reușit să vă faceți câinele să vină la dumneavoastră în siguranță în grădină, continuați dresajul "afară", deoarece aici circumstanțele sunt diferite.

Acum ar trebui să îl învățați pe prietenul dumneavoastră cu patru picioare când i se permite să alerge din nou după rechemare. Nu are întotdeauna sens să permiteți libertatea imediat după recompensă, deoarece ați putea, de asemenea, să îl rechemați dintr-o zonă periculoasă din cauza situației și să trebuiască să așteptați o vreme. Într-un astfel de moment, ar fi foarte contraproductiv ca el să se îndepărteze din nou imediat.

Gândiți-vă la o comandă proprie pentru acest lucru, poate "Go" sau "Run". Numai atunci când dați această comandă, câinele dumneavoastră poate alerga din nou.

La un moment dat, în cele mai multe situații, prietenul dvs. drăgălaş vă va asculta apelul, dar veți experimenta și faptul că apelul va dispărea. Acest lucru se poate întâmpla oricând, deoarece câinii nu sunt mașini și au încă o minte proprie. Cu toate acestea, dacă puteți arăta o rată de succes de cel puțin 95% în ceea ce privește rechemarea, atunci dresajul dvs. a fost foarte reușit.

## Manipularea cu lesa

Chiar dacă Bulldogul francez este un câine destul de mic, ar trebui să poată merge decent în lesă. Mai devreme sau mai târziu vă veți găsi în multe situații în care va trebui să vă țineți prietenul cu patru picioare în lesă. În unele zone este obligatoriu să vă țineți câinele în lesă, iar acest lucru este valabil și pentru câinii de talie mică.

Așadar, exersați cu Marele Danez încă de la vârsta de cățeluș. Și aici se așteaptă multă răbdare și consecvență din partea dumneavoastră, dar merită. Pentru o siguranță optimă, este recomandabil să folosiți un ham, deoarece câinele dumneavoastră se poate smulge rapid dintr-o zgardă.

Odată ce animalul dvs. de companie s-a obișnuit cu noul "articol de îmbrăcăminte", începeți cu primele exerciții pentru a-l ține "la călcâi". Decideți în prealabil ce comandă doriți să folosiți pentru acest lucru. Puteți comanda "la călcâi", "la călcâi", dar și pur și simplu "aici".

Dacă doriți ca acum câinele dumneavoastră să "calce", trageți foarte ușor de lesă și dați comanda aleasă. Când câinele este lângă dvs., eliberați lesa și recompensați-l. Repetați acest exercițiu din nou și din nou, astfel încât să continue să "șadă" atunci când este nevoie.

# PROBLEME CU EDUCAȚIA

Nimic nu funcționează fără probleme. Acestea pot apărea întotdeauna, indiferent cât de bine vă antrenați cu Marele Danez. Veți învăța cum să faceți față acestor lucruri în rândurile următoare.

## Joc dur

Jocul dur între conspecifici se întâmplă întotdeauna. De obicei, animalele sunt atunci prea excitate și nu mai cunosc nicio limită. Cu toate acestea, câinii învață, de asemenea, unii de la alții. Dacă un prieten patruped se joacă foarte zgomotos, celălalt îi va urma exemplul. Dar și comportamentul de dominanță joacă un rol important. Aici intră în joc mârâitul și mușcătura, ceea ce este absolut nedorit, deoarece poate duce la răni grave.

Dacă acum aveți sentimentul că câinele dumneavoastră este prea dur la joacă, întrerupeți-l imediat cu un "Nu". Prietenul dvs. cu patru picioare ar trebui să ia o pauză și să se calmeze, astfel încât să se poată aduna din nou. Acum puteți continua jocul.

## Destructivitate

Dacă nimic nu este la adăpost de câinele dumneavoastră și acesta distruge pur și simplu tot ce-i trece prin fața ochilor, acest lucru poate avea mai multe cauze. Este important să le descoperiți, altfel veți fi neputincioși.

De obicei, anxietatea de separare se află în spatele unei astfel de manii distructive. Apoi, aceste crize de furie apar atunci când nu sunteți în casă și prietenul dumneavoastră cu patru picioare este singur. În astfel de momente, animalul dvs. de companie suferă de un mare stres și, pentru a contracara acest lucru, "atacă" pantofii, covoarele sau alte lucruri care îi intră în gură. Dacă ați observat anxietate de separare la Bulldogul dumneavoastră francez, primul lucru pe care trebuie să-l faceți este să îndepărtați tot ceea ce ar putea fi distrus. În schimb, oferiți-i articole de mestecat adecvate pentru a-l ține ocupat pe prietenul dumneavoastră cu patru picioare. Trebuie să continuați să îl antrenați să stea singur, deoarece se va întâmpla inevitabil să nu îl puteți lua peste tot. Începeți în intervale scurte de timp, ieșind în fața ușii de la intrare doar pentru scurt timp și apoi revenind imediat înăuntru. Dacă câinele dumneavoastră a rămas calm în acest scurt timp, recompensați-l pe larg. Repetați exercițiul de mai multe ori și creșteți treptat perioada de timp în care este singur. Nu veți stăpâni această sarcină mamut peste noapte, este nevoie de timp și de multă răbdare din partea dumneavoastră.

Dar poate câinele tău este "doar" plictisit. Nu este ocupat pe deplin și, prin urmare, caută o "sarcină" pentru el însuși. Pentru dumneavoastră, acest lucru înseamnă că trebuie să petreceți mai mult timp cu el. Jucați-vă cu el, în special sarcini mentale, dar lăsați-l să facă și activități fizice, pe cât posibil. Dacă prietenul dumneavoastră cu patru picioare are destule de făcut, va fi mult prea obosit pentru a vă mușca apartamentul.

În cazul în care câinele dumneavoastră este încă foarte tânăr, veți observa o nevoie crescută de mestecat începând cu aproximativ a patra lună de viață. Acesta este momentul în care dinții se transformă din dinți de lapte în dinți permanenți. Acesta ar putea fi, de asemenea, un motiv pentru mușcarea obiectelor. Bineînțeles, nu trebuie să tolerați acest lucru și să-l mustrați pe prietenul dumneavoastră cu patru picioare cu un "nu". Cu toate acestea, trebuie să compensați acest lucru oferindu-i jucării sau alte articole de mestecat pe care să le ronțăie. În acest fel, vă sprijiniți animalul de companie în timpul schimbării dinților.

Dacă nu puteți găsi o cauză reală pentru distructivitate, vă rugăm să solicitați ajutorul veterinarului. De asemenea, este posibil să existe o afecțiune care trebuie tratată sau să fiți îndrumat către un terapeut de comportament canin.

## Instinct puternic de protecție

Bulldogii francezi sunt înzestrați cu un instinct de protecție extrem de bine dezvoltat. Pentru tine, ca proprietar al unui astfel de câine, acest lucru înseamnă că nu trebuie să îți pui niciodată la îndoială rangul de lider de haită. Dacă câinele tău nu se simte în siguranță și în siguranță alături de tine, nu va trece mult timp până când va prelua rolul de lider.

Prin urmare, este foarte important ca prietenul tău cu patru picioare să știe întotdeauna că are un rang subordonat în această haită (în familia ta) și că se poate baza întotdeauna pe membrii de rang superior. În acest fel, întăriți legătura cu el, iar o relație de încredere reciprocă duce, la rândul ei, la un mai bun succes în învățare.

Bulldogul tău francez este echipat cu un mecanism de luptă împotriva îmbrățișărilor. Prin urmare, oferiți-i drăgălașului dvs. cât mai mult contact corporal posibil și folosiți acest fapt pentru dresaj.

# Legătură fermă și încredere

O legătură bună și o încredere puternică unul în celălalt sunt condiții importante pentru a trăi o viață armonioasă împreună cu câinele dumneavoastră. Acest lucru se exprimă printr-o bună socializare a prietenului dumneavoastră cu patru picioare, astfel încât să știe cum să se comporte peste tot. Pentru a realiza acest lucru, însă, el trebuie să poată să se bazeze pe dumneavoastră ca lider de haită și să vă acorde un nivel corespunzător de încredere.

Nu uitați că câinele dumneavoastră învață mereu, indiferent dacă este tânăr sau mai în vârstă. Mai presus de toate, el vă ia drept model de urmat. El vă observă în mod constant și vă sesizează comportamentul și sentimentele. Dacă, de exemplu, sunteți neliniștit într-o anumită situație, acest sentiment este transferat prietenului dumneavoastră cu patru picioare și el va merge în această situație la fel de neliniștit. Dar dacă sunteți calm și relaxat, și câinele dumneavoastră va fi la fel.

Pentru ca scumpul tău să aibă o încredere puternică în tine încă de la vârsta de cățeluș, trebuie să comunici cu el în mod clar și într-un mod pe care îl poate înțelege. Acest lucru înseamnă să-i dai instrucțiuni și comenzi scurte și clare și să nu-i spui romanțe lungi atunci când îi ceri să facă ceva.

Arată întotdeauna înțelegere pentru micul tău prieten. Există o explicație naturală pentru majoritatea comportamentelor sale, pe care trebuie să o recunoașteți. Cunoașteți-vă câinele de la bază, apoi, de obicei, puteți deja să acționați cu previziune.

Lucrați cu consecvența necesară, astfel încât să nu vă iritați prietenul cu patru picioare. Cum poate el să își construiască încrederea dacă azi decideți într-un fel și mâine în altul? Respectați-vă principiile și nu vă abateți de la ele.

Rămâneți întotdeauna corecți față de câinele dumneavoastră și nu recurgeți niciodată la violență împotriva lui, fie că este vorba de o formă fizică sau psihologică. Acest lucru ar distruge imediat încrederea pe care ați câștigat-o până acum. Câinele dvs. va deveni intimidat și temător, ceea ce ar putea provoca în cele din urmă și agresivitate. Ați riscat atunci o legătură bună cu el.

Micuțul tău prieten trebuie să se simtă în siguranță alături de tine. Prin urmare, rămâneți calm și suveran în toate circumstanțele imaginabile. Astfel, el se va putea orienta către dumneavoastră și va putea construi o legătură fermă cu dumneavoastră. Asigurați-vă că prietenul dvs. cu patru picioare se distrează în timpul plimbărilor și în timpul antrenamentelor și fiți afectuos cu prietenul dvs. cu patru picioare. Mai presus de toate, fiți întotdeauna acolo pentru el atunci când are nevoie de dumneavoastră. Acestea sunt cele mai importante abordări pentru a construi o relație puternică între voi.

# Cuvinte de încheiere

Acest ghid v-a oferit o mulțime de informații despre Bulldogul francez. Știți cum să îl țineți ocupat pe monstrul drăgălaș și ce dietă este potrivită pentru dumneavoastră și pentru prietenul dumneavoastră cu patru picioare. Nici educația nu a fost neglijată aici, iar acest capitol a fost umplut cu sfaturi valoroase.

Pe lângă asta, ați învățat multe despre rasa în sine. De unde provine buldogul francez și de ce este de fapt englezesc? Acum puteți răspunde la aceste întrebări.

Sperăm că acest ghid v-a ajutat să vă decideți dacă să adoptați sau nu un buldog francez.

**Vă mulțumim și distracție plăcută!**

# Surse

Nu se indică autorul (nu se indică ora). Profilul buldogului francez. În: Profilul buldogului francez | Caractere, temperament și creștere (mein-haustier.de)

Fără autor (2022). Bulldog francez. În: Bulldog francez: Portretul rasei - caracter, atitudine și multe altele. (hundeinfoportal.de)

Fără indicarea autorului (fără indicarea orei). Bulldog francez. În: Bulldog francez: Cluburi și crescători " VDH.de

Friederike Huth (2021). De ce nu ar trebui să cumpărați un buldog francez. În: De ce nu ar trebui să cumpărați un buldog francez (peta.de)

Fără indicarea autorului (fără indicarea orei). Găsiți crescători de Bulldog Francez de renume. În: Găsiți crescători de Bulldog Francez de renume - FranzoesischeBulldogge.de

Fără indicarea autorului (fără indicarea orei). Bulldog francez și buldog englez: Care este diferența? În: Bulldog francez și buldog englez: Care este diferența? (einfachtierisch.de)

Fără indicarea autorului (fără indicarea orei). Bulldog francez Diferența față de Bulldog englez. În: Diferența dintre Bulldogul francez și Bulldogul englez - Bulldogul francez (die-franzoesische-bulldogge.de)

Neatribuit (2022). 6 fapte pe care poate nu le știați despre Bulldogul francez. În: 6 fapte pe care poate nu le știți despre Bulldogul francez (frenchiestore.com).

Fără autor (2022). Clubul Kennel German. În: Despre noi " VDH.de

Fără autor (2022). Echipament inițial pentru câini - cu listă de verificare. În: Echipament inițial pentru câini | DAS FUTTERHAUS

Fără autor (2020). Ce aparține unui dulap de medicamente pentru câine? În: Ce trebuie să conțină dulapul cu medicamente pentru câini? (graf-barf.de)

Nu se indică autorul (nu se indică ora). Un cățeluș se mută - sfaturi pentru un început bun în noua casă. În: Se mută un cățeluș: Tot ce trebuie să știți | PURINA

Helene Halbekann (2021). Se mută un cățeluș - Prima zi: Ghidul tău pentru cățeluși. În: Un cățeluș se mută - Prima zi: Ghidul tău pentru căței - AniForte

Fără autor (2022). BARFEN. În: BARFEN - Ernährungsberatung in der Tierklinik Ismaning (tierklinik-ismaning.de).

Fără autor (2022). Ce nu trebuie să mănânce câinii? În: Ce nu trebuie să mănânce câinii? - 10 alimente toxice pentru câini (mein-haustier.de)

Nu se indică autorul (nu se indică ora). Hrănirea corectă a câinilor. În: Dogs richtig ernähren (tierschutzbund.de).

Nu se menționează autorul (nu se indică ora). Hrănirea câinelui tău vegan: Un ghid cuprinzător ne luminează. În: Să-ți hrănești câinele cu o dietă vegană? Aici găsești argumente pro și contra! | Tractive

Fără autor (2021). Hrană uscată sau umedă pentru câini: Care este mai bună? În: Hrană uscată sau hrană umedă pentru câini | SantéVet (santevet.de)

Nu se indică autorul (nu se indică ora). Îngrijirea buldogului francez, îngrijirea blănii. În: Îngrijirea buldogului francez, îngrijirea blănii - FranzoesischeBulldogge.de

Fără autor (2022). Recunoașterea și tratarea viermilor la câini: Ce trebuie să știți. În: Viermi la câini: simptome și tratament | Helvetia

Fără autor (2010-2022). Acarienii la câini: Tot ce trebuie să știți. În: Acarienii la câini: Recunoașterea și tratarea infestărilor (parasitenportal.de).

Fără autor (2010-2022). Căpușele la câini: Cunoașteți pericolele. În: Căpușele la câini: Ce trebuie să știe proprietarii de câini (parasitenportal.de).

Fără autor (2022). Riscul de infectare: căpușele transmit boli la câini. În: Ticks: Sugătoarele de sânge pot transmite boli la câini (zecken-radar.de)

Nu se indică autorul (nu se indică ora). Puricii la câini - Cum să recunoaștem și să controlăm paraziții. În: Purici la câini | Cum să recunoști și să combați infestarea cu purici. (frontline.de)

Fără indicarea autorului (fără indicarea orei). Ce boli pot fi transmise de purici? În: Ce boli pot fi transmise de purici? (fleh-befall.de)

Martin Walter (2021). Torsiunea gastrică la câini: factori de risc, semne de alarmă și tratament. În: Urgență: Torsiunea stomacală la câini - simptome | SantéVet (santevet.de)

Ramona Weber König (2022). Diareea la câini - cunoașterea cauzelor și vindecarea lor. În: Diareea la câini - ce trebuie făcut? | FRESSNAPF

Fără autor (2022). De cele mai multe ori inofensiv, uneori un semnal de alarmă: Vărsături la câini. În: Vărsături la câini: informații și sfaturi | FRESSNAPF

Martin Walter (2021). Otrăvirea la câini: Ce sunt și cum le recunosc? În: Otrăvirea la câini - simptome și primul ajutor | SantéVet (santevet.de)

Nu se indică autorul (nu se indică ora). Bulldog francez: Boli. În: Bulldog francez: cele mai frecvente boli | PURINA

Nu se indică autorul (nu se indică ora). Boala Von Willebrand. În: Boala Von Willebrand | AniCura Germany

Nu se indică autorul (nu se indică ora). Boli ale buldogului francez / Boli ereditare. În: Boli ale buldogului francez / Boli ereditare - FranzoesischeBulldogge.de

Nu se indică autorul (nu se indică ora). 10 Boli ereditare ale buldogului francez. În: 10 Hereditary Diseases of the French Bulldog (petdoctors.at)

Fără autor (2021). Nanismul la câini. Cauze, simptome, tratament &FAQ. În: Nanismul la câini Cauze, simptome, tratament & FAQ - BFW Unna (bfw-unna.de)

Neatribuit (2016-2018). ABC-ul buldogului francez. În: Bulldog francez - Boli - French Bulldog ABC % (franzoesische-bulldogge-abc.de).

Fără autor (2022). Displazia de șold la câini. În: Displazia de șold la câini - ce ajută la HD? (vetevo.de)

Fără autor (2021). Displazia cotului la câini: Totul despre boala articulară. În: Displazia canină a cotului (ED) - Curs | SantéVet (santevet.de)

Nu se indică autorul (nu se indică ora). Megaesofagul la câini. În: Megaoesofagul la câini - Portal de medicină veterinară.

Fără autor (1999-2022). Megaesofagul la câini. În: Megaoesofagul la câini: simptome și tratament (edogs.de).

Fără autor (2022). Care sunt bolile câinilor? În: Ce boli ale câinilor există? | Alianța

Fără autor (2022). Hepatita contagiosa canis. În: Hepatitis contagiosa canis - MSD Tiergesundheit Deutschland (msd-tiergesundheit.de).

Dr. Cornelia Kolo (2022). Vaccinările la câini. În: Vaccinările la câini: care? când? cât de des? | zooplus

Fără autor (2022). Buldogi francezi în timpul iernii. În: C: ▷ Sfaturi de iarnă pentru buldogul francez ✓ ' French Bulldog Blog (franzoesische-bulldogge-blog.de)

Neatribuit (2018). Neutralizarea vs. sterilizarea la câini și pisici. În: Neutralizarea vs. sterilizarea la câini și pisici (findefix.com).

Fără indicarea autorului (fără indicarea orei). Castrarea câinelui mascul. În: Castrarea masculului | Riscuri, tratament și îngrijire ulterioară | AniCura Germany

Medicul veterinar Dr. Korte (fără a preciza ora). Sterilizarea cățelei - avantaje și dezavantaje. În: Castrarea cățelei - avantaje și dezavantaje | Gesundheitszentrum für Kleintiere (gesundheitszentrum-fuer-kleintiere-luedinghausen.de).

Fără autor (2022). Bulldog francez - de la mâncător de șobolani la câine de familie. În: Bulldog francez: Caracter și creștere | FRESSNAPF

Fără indicarea autorului (fără indicarea orei). Bulldogul francez este potrivit pentru începători? În: Bulldogul francez este potrivit pentru începători? - FrenchBulldog.com

Fără autor (2022). Dresajul şi caracteristicile buldogului francez. În: Dresaj şi caracteristici ale buldogului francez (hund-als-haustier.de)

Neatribuit (2016-2018). Bulldog francez - Educaţie. În: French Bulldog - Educaţie - French Bulldog ABC (franzoesische-bulldogge-abc.de).

Neatribuit (2017). Întărirea pozitivă - Un ghid. În: Trainieren statt dominieren - Positive Bestärkung - Ein Guide (trainieren-statt-dominieren.de).

Fără autor (2022). Socializarea câinilor - un bun început pentru viaţa împreună. În: Socializarea unui câine cu aceste sfaturi | FRESSNAPF

Nu se indică autorul (nu se indică ora). Ţinând ocupat un buldog francez. În: Cum să ţii ocupat un buldog francez - FranzoesischeBulldogge.de

Conny Sporrer (nu a fost precizată ora). Amintirea perfectă. În: Rechemarea perfectă - Martin Rütter DOGS (martinruetter.com)

Fără autor (2022). De ce se joacă prea dur câinele meu? În: De ce se joacă prea dur câinele meu? - Ghidul câinelui Mi Dog (midogguide.com)

Nu se indică numele autorului (nu se precizează data). Câinele distruge totul - Ce să faci când câinii sunt distructivi? În: Câinele distruge totul - Ce să faci când câinii sunt distructivi? - edogs

Fără autor (2022). Creşterea unui buldog francez. În: Raising a French Bulldog - the Breed Guide (online-hundeschule-erfahrungen.de).

Nu se indică autorul (nu se indică ora). Sfaturi de zi cu zi pentru o legătură mai bună cu câinele. În: Sfaturi de zi cu zi pentru o legătură mai bună cu câinele - Câini

# DESPRE ACEASTĂ SERIE

Acesta este cel mai recent volum dintr-o serie de ghiduri compacte şi reale de dresaj canin. Rasele individuale sunt prezentate de autori care au mulţi ani de experienţă şi dragoste pentru câini. Vă dorim mulţi ani fericiţi şi relaxaţi alături de prietenul dumneavoastră cu patru picioare!

**Ne-am bucura de o evaluare pozitivă!**

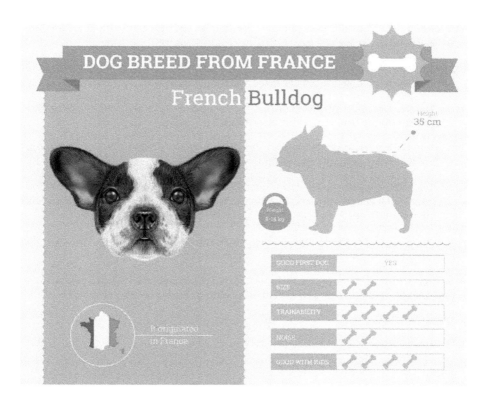

# FRENCH DOGS

Poitevin hound

Griffon Nivernais

Papillon dog
(Butterfly dog,
Continental Toy Spaniel)

Poodle
(Pudelhund)

French Bulldog
(Bouledogue Français)

Fawn Brittany Griffon
(Griffon Fauve de
Bretagne)

Auvergne Pointer
(Braque d'Auvergne)

Pyrenean Shepherd
(Berger des Pyrénées)

Porcelaine
(Chien de
Franche-Comté)

French Water Dog
(Barbet dog)

Cursinu

French Spaniel
(Epagneul Français)

Buldogul francez
M. Mittelstädt, Sherif Khimshiashvili Street N 47 A, Batumi 6010, Georgia
All Rights Reserved.
© copyright 2023 Lucian Stan

Milton Keynes UK
Ingram Content Group UK Ltd.
UKHW020625021023
429777UK00014B/666